밀나

(작고) 작은 나 ———————————— 2
　　　　　　　　허탐정(허나영)

에일리언 해킹하기- ——————— 14
지렁이가 되는 꿈을 꾸었다
　　　　　　　　곽혜은

소리풍경 ——————————————— 28
　　　　　김은설

『할아버지가 사랑한 무지개』 번역·편집 후기 —— 40
더 멀리 나아가는
무지개빛 그림책 만들기
　　　　　　　　쥬쥬베북스

그냥 아는 사이는 ————————— 47
아니라서요
　　　　　강윤지, 윤여준

언니들에게 ———————————— 54
　　　　김진아

딮다*

〈딮다〉 1호에서는 연극, 시각, 후각, 다원, 문학 분야의 창작자 6명이 각자의 삶에서 돌보고 있는 흔들림의 순간을 이야기합니다. 외면하던 나를 만나기도 하고, 우리를 둘러싼 현실을 되짚기도 하고, 발 밑을 빤히 보기도 합니다.

〈딮다〉는 자세히 들여다 보지 않으면 무심코 스쳐 지나갈 법한 이야기를 깊게 짚습니다. 내밀한 시선을 통해 우리가 안다고 생각했던 것, 몰랐던 것, 혹은 모두가 중요하지 않다고 하는 것을 다시 들여다 봅니다.

〈딮다〉는 다양한 분야의 창작자가 함께 딮으며 만든 쥬쥬베북스의 비정기 간행물입니다. 그 과정이 서로를 향한 응원이 되길 바라며 만들었습니다. 그리고 이제 우리가 주고 받은 응원을 이 책의 독자에게 전합니다.

*딮다: [동사] '짚다'의 옛말, [형용사] '깊다'의 방언.
　　　바닥이나 벽, 지팡이 따위에 몸을 의지하다.
　　　여럿 중에 하나를 꼭 집어 가리키다.

(작고)

작은 나

허탐정(허나영)

7월 2일 목요일 날씨

어제잠잔시간 8시 30분   오늘일어난시간 5시 0분

오늘은 아버지 생신입니다.
할머니와 할아버지께서 오
셨읍니다.
재미있었읍니다.
아버지 생신 선물을 못해
서 나는 참 미안했읍니다.

오늘의 일을 그려봅시다! 착하지 않아도 괜찮습니다!

나의 첫 일기 쓰기는 1988년, 1학년 여름방학과 함께 시작되었다. 학교에서 지정한 그림일기장에 써야 했는데, 일기장 상단에는 다음과 같은 문구가 있었다.
"오늘의 착한 일을 그림으로 그려봅시다!"

이 문구가 주는 압박과 부담감은 일기 쓰기를 주저하게 만들었다. 그리고 착한 일을 하지 못한 오늘을 자책하게 만들었다. 1988년 7월 21일은 아버지의 생신이자 1학년 여름방학이 시작된 날로, 내가 처음으로 일기를 쓴 날이다. 이 날 나는 일기에 아버지에게 선물을 드리지 못해 미안했다고 적었다. 그리고 그림의 배경이 되는 모든 곳을 한 치의 빈틈도 없이 파란색으로 꼼꼼히 채웠다. '오늘의 착한 일을 그림으로 그려봅시다' 가 보이지 않도록 말이다. 아마도 그때의 나는 능청스럽게 그림일기의 배경까지 모두 색으로 칠해 차라리 이 문구가 보이지 않으면 되지 않을까 생각했을지도 모르겠다.

1학년 겨울방학 일기장 상단에는 문구가 바뀌어 있었다. "오늘 한 것, 본 것, 느낀 것, 생각한 것을 그림으로 그리고 글로 써 봅시다!" 이 문구는 일기 쓰기를 전보다 조금 더 편하고 자유롭게 해줬을까? 그렇지 못했다. 생애 첫 일기를 '착한 일'에 대한 서술로 시작해야만 했기에 일기에 대한 부담감은 여전히 마음 한편에 크게 자리 잡고 있었다.

그럼에도 오늘의 특별한 일과 생각을 일기에 쓴 날도 있다. 어느 날, 친구와 겨루는 달리기에서 졌는데 그래도 "기뻤다"고 일기에 적었다. 1학년 때부터 학교에서 우열을 가리며 서열과 등수를 자연스럽게 배우게 되었지만 나는 승부에 취약한 아이였다. 모든 것이 다른 아이들보다 느렸고, 배우는 데 한참 걸렸다. 하지만 빨리 결과를 보기보다는 배워가는 과정과 시간을 느긋하게 즐기며 탐구하는 어린이기도 했다. 남들보다 잘해야지, 하는 마음도 필요하지만 이런 나의 조금 느린 마음도 소중하다.

어른이 된 지금은 과정을 음미하기보다는 결과에 일희일비 하며 스스로를 탓할 때가 종종 있다. 기대한 결과를 마주하지 못하더라도 지금의 시간을 소중히 여기라고, 1988년의 어린 내가 어른인 나에게 다시금 힘껏 말해 주고 있는 것 같았다.

작지만 큰 마음 다정한 순간들

새집으로 이사를 가게 된 날, 들뜨고 설레는 마음보다 이 삿짐을 힘겹게 드는 아저씨들을 걱정하는 어린이의 마음도 일기에서 보인다. 이름 모를 이들의 손길들, 그들의 수고스러움으로 이 세상이 움직이고 있다는 것을 어렴풋이 알게 된 하루였던 것 같다. 주변과 가장자리에 먼저 시선이 가는 것은 어른이 된 지금도 크게 다르지 않다. 때때로 외부 사람과 환경을 너무 바라보다가 정작 나의 마음은 보지 못하기도 한다. 어른이 되어 일기를 쓰는 행위는 자신을 둘러싼 외부와 내부를 끊임없이 오가고 흔들리며, 마음의 자리를 매 순간 새롭게 만들어가는 일인 듯하다.

다정한 마음이 담긴 일기도 있다. 전학을 앞두고 곧 헤어질 선생님을 아쉬워하며 감사한 마음을 표현하기도 하고,

싸 놓은 똥을 치우느라 고생한 고모에게는 안마를 해드리며 힘을 주고 싶었다고도 적었다. 함께하는 사람들뿐만 아니라 자연에게 마음을 전하는 일기도 눈에 띈다. '1981년 8월 16일. 비가 왔다. 빗물이 땅을 식혀주어서 조금 시원한 것 같았다. 비는 참 고맙다.' 오늘의 하루를 고심해서 장면을 그리고, 한 자 한 자 글자를 매만지며 써 내려간 순간의 몰입과 진심이 담겨있다.

정성과 진심으로 읽어주는 한 사람의 존재에 관하여

그림일기장 이후에는 그림이 없는 대신에 글자를 채워 넣는 글 일기장을 쓰게 되었다. 그리고 이때부터 일기를 읽은 선생님의 짧은 코멘트가 붙기 시작했는데, 코멘트 대신에 '참 잘했어요'라는 도장이 찍히기도 했다. 누군가 나의 행동과 생각, 느낌과 감정을 들여다보며 판단하는 시기가 시작된 것이다.

미숫가루 아이스크림을 먹으니, 미숫가루 맛이 났다는 일기에 선생님은 "선생님도 군침이 돌아요."라는 공감을 실어주기도 했고, 어려움에 처한 고양이를 도와주었더니 고맙다고 '야옹' 대답했다는 일기에 대해서는 "표현이 재미있어요. 착한 일을 했어요!" 라며 감상과 칭찬을 덧붙여 주기도 했다. 수영장에서 더 이상 겁을 먹지 않고 물에 처음 뜬 하루에 대해서는 "기쁜 날이군요. 노력한 보람이지요." 라며 응원을 아끼지 않았다. 하지만 누군가 나의 하루를 바라봐 준다는 것은 설레면서도 동시에 두려운 일이기도 했다. 용기와 격려를 주는 코멘트만 있는 것은 아니었기 때문이다. 때로는 갸우뚱거리며 골똘하게 만드는 코멘트도 있었다.

그동안 함께 놀아준 친구에게 애틋한 마음을 담아 작별 선물을 건네기도 했다. 갓 태어난 아기 사촌 동생을 바라보며 생명에 대한 경이로움이 움텄고, 이후에도 계속 아기가 자라나는 과정들을 일기에 적어 갔다. 비둘기가 베란다에

미장원에서 머리를 조금 잘라 시원하고 참 좋았다는 일기에 "머리를 자른 표시가 나지 않아요. 긴 머리가 보기 좋아요."라며 들뜬 기분을 사라지게도 했다. 꿈에 천사가 나와서 장애를 가진 아이의 몸을 튼튼하게 해 달라는 소원을 빌었다는 일기에는 "튼튼한 몸으로 바뀐 장애자는 행복하지요."라며 장애인에 대한 섣부른 판단과 편견을 보이기도

했다. 산수 시험을 잘 보지 못해서 속상한 하루에 대해서는 "열심히! 더 열심히!", 백점을 맞은 하루에는 "백점은 모두에게 기쁨을 선물하지요."라며 백점이란 과연 무엇인가? 백점 인생에 대해 고민하게 하기도 했다.

나의 초등학교는 학급 인원이 한 반에 60여 명쯤 되었다. 이 모든 어린이들의 일기를 읽고 코멘트를 쓰는 것 자체가 상당한 노동이 필요한 일이었을 테고, 당시에 선생님 또한 최선을 다해 정성을 기울였을 것이라고 헤아려 본다. 하지만 나는 언젠가부터 선생님이 내가 어제 쓴 일기를 읽고 어떤 글을 남길지 조금은 기대하면서 동시에 실망시켜 드릴까 걱정하게 되었다.

코멘트가 단 한 줄이라고 하더라도, 자신의 글을 처음 읽은 이가 전해주는 감상은 어린이에게 이후에도 오랜 영향을 미친다. 왜 "지금도 충분해요!", "괜찮아요!", "함께 해 볼까요?", "참 재미있어요! 웃겨요!"라는 코멘트는 한 번도 없었을까?

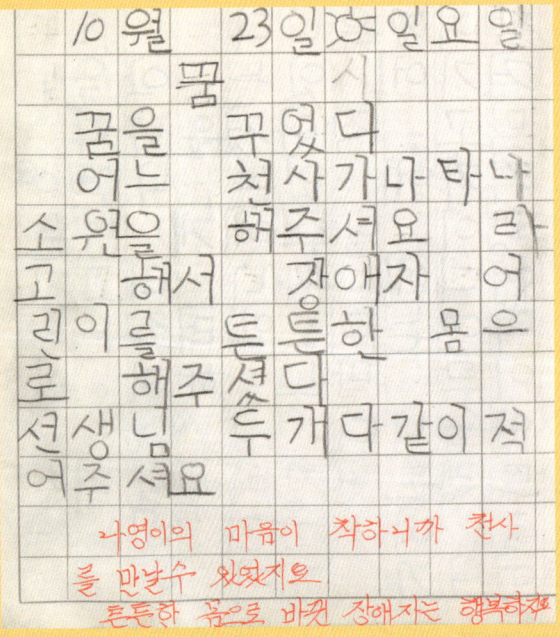

남들보다 '뛰어나서, 착해서, 돋보여서' 칭찬하는 것이 아니라, 온전한 있는 그대로의 모습을 바라봐 주며 이대로도 좋다는 한 마디, 잘 못해도 못난 아이라고 생각할 필요가 없다는 이야기가 어쩌면 가장 듣고 싶었는지도 모르겠다. 다양한 시행착오를 통해 배워가는 즐거움을 어린이 때부터 서서히 잃어간 것은 아닌지, 그래서 한 살 한 살 나이를 먹을수록 일기는 후회와 자책, 반성과 다짐으로 늘 마무리된 것은 아닌지 모르겠다.

진짜 마음은 일기장에 쓰지 않는다

5학년 때는 '바른 마음, 바른 자세, 바른 글씨'가 하단에 프린트 되어있는 일기장을 썼다. 이때부터 진짜 마음은 일기에 쓰지 않았다. 나의 생각과 감정을 누군가 섣부르게 평가하고 판단하는 것이 싫었기 때문에 진짜 소중한 것은 글로 남기지 않았다. 하지만 쓰지 못한 자리에 잠시 머물렀던 마음이 어른이 된 지금 다시 새롭게 보인다.

학급 전체가 싫어하며 차별하는 친구가 있었다. 보살핌을 제대로 받지 못해 머리카락이 늘 엉켜 있고, 옷이 더럽고, 몸에서 냄새가 났다. 편찮으신 외할머니와 단둘이 산다고도 했다. 그 친구의 일기 속 하루들은 어떻게 채워졌을까? 어린 나이지만 얼굴에서 삶의 고단함이 느껴지곤 했다. 어느 날, 학급 임원인 남학생들이 그 친구에게 대걸레로 폭력을 행사했는 데 아무도 말리지 않았다. 무서움과 외로움에 벌벌 떨며 흐느끼는 친구를 모두가 외면했다. 가장 비겁한 건 바로 나였다. 다가가고 싶었지만, 다른 이들의 차가운 시선에 외면하고 말았다. 그 친구 편에 섰다가 나도 똑같이 당할 것만 같아서 무서웠기 때문이다.

> 1992년 11월 4일
> 남자 아이들이 걷어차고 욕해도, 여자 아이들이 따돌려도, 싱긋이 웃기만 한다. 늘 힘든 일만 도맡아 하는 그 아이는 어리석은 바보 같다. 하지만 순한 마음을 가지고 있는 친구다. 따뜻하게 대해 주어야겠다. 같은 반 친구이기 때문이다.

무력하고 막막한 마음에 당시의 하루를 일기에 써서 제출했다. 선생님이 분명히 SOS 신호를 읽고 도와줄 것이라고 생각했다. 하지만 '검'이라는 도장만 덩그러니 남겨졌다.

그리고 그 친구는 학년이 끝날 때까지 계속 괴롭힘을 당하며 외로운 시간을 홀로 견뎌야만 했다. 도를 넘은 어린이들의 파워게임이 한 어린이의 일상을 무너뜨릴 수 있다는 것을 알게 되었다. 그리고 일기장에 진심을 쓰는 것이 때로는 최선이 아님을 알게 되었다.

말하지 못한 비밀이 있어 마음에 아로새겨진 하루들

일기를 쓰면서 새로운 것을 발견하고 탐구하던 시간도 있었다. '1988년 10월 7일. 단감을 세로로 자르면 단면이 하트 모양이 되고, 가로로 자르면 숟가락 모양이 된다.', '찰흙을 물에 띄우려면 오목하게 바가지 모양으로 만들어야 한다. 납작하게 만들면 가라앉는다.' 관찰일기는 발견한 것을 쓰면 되기 때문에 부담 없이 쓸 수 있었다. '1988년 12월 29일. 비가 왔는데 나무들이 모두 좋아하는 것처럼 보였다. 그렇기 때문에 비가 많이 올 때는 꼭 나무가 있어야 한다'는 엉뚱한 가설을 세우기도 했다.

어느 날 '올챙이는 돌의 무게를 얼마큼 버틸까?' 호기심이 생겼다. 작은 돌을 떨어뜨렸을 때는 민첩하게 피하며 움직이다가, 큰 돌을 떨어뜨렸을 때는 돌을 피하지 못하고 그만 깔려 죽고 말았다. 붉은 피가 흘러나오는 올챙이의 죽음을 목도했을 때 충격을 받았다. 가벼운 놀이처럼 시작했지만 죽게 될 줄은 전혀 생각하지 못했다. 호기심을 가지고 생명을 함부로 대하는 일은 앞으로 절대 해서는 안 된다고 마음먹었다. 지금도 올챙이를 볼 때면 그때 가졌던 죄책감이 생생하게 떠오르곤 한다.

친구들과 골목길의 집집마다 벨을 누르고 도망친 일도 있었다. 스릴을 즐기기 위해서 벨을 누르고 바로 도망치지 않고, 문을 열고 나온 집주인의 황망한 표정을 보고서야 도망쳤다. 뒤늦게 도망치다가 몇 번 잡혀서 호되게 꾸중을 듣기도 했다. '문방구에서 물건을 훔치면 어떻게 될까?' 궁금해서 지우개 한 개를 훔쳐 나오기도 했다. 사장님은 알고도 모른 척했을까? 정말 몰랐을까? 이 이야기들은 일기엔 결국 쓰지 않았다. 그러나 다음부터는 나쁜 행동을 하지 말아야겠다고 마음에 새겼다.

나에겐 일기에 차마 쓸 수 없었던, 그 누구에게도 말할 수 없는 비밀도 있었다.

8살 때 생명에 대한 크나큰 배움을 얻고, 그 이후부터 작은 생명들을 돌보기 시작했다. 집에서 금붕어와 거북이,

소라게, 그리고 이름 모를 씨앗들을 심고 식물을 돌보는 취미를 가지게 되었다. 숙제도 하지 않고 베란다에서 많은 시간을 보냈던 시절, 그때 심은 씨앗은 지금은 나보다 큰 나무가 되었다. 단 한 번도 꽃을 피우거나 열매를 맺지 않고 잎 모양도 작은 평범한 나무지만, 부모님은 이사를 다닐 때마다 그 나무를 꼭 챙기셨다. 나무와 나는 10살 때부터 서로가 커가는 모습을 함께 지켜보았다. 나무를 볼 때마다 발이 저리도록 쭈그려 앉아 베란다에 있는 생명을 돌보던 한낮의 시간이 생각난다.

특히 나팔꽃에 대한 이야기는 일기로도 적었다. 어느 날, 베란다 한편에서 진딧물이 퍼져 나팔꽃이 시들어 죽어 있는 것을 보게 되었다. 생명을 다했지만 열매처럼 보이는 꽃봉오리는 여전히 살아있는 상태였다. 꽃봉오리 안을 까서 보니 나팔꽃 씨앗이 4개 들어있었다.

> 1992년 3월 19일
> '나팔꽃도 사람과 같이 엄마가 아기를 낳고 죽더라도 아기는 살게 되는 것처럼, 시들어 죽기 전에 모든 영양분을 만들어 내어 꽃봉오리 속에 씨앗을 만든 것은 아닐까?'

못나고 부끄러운 마음을 보여도 괜찮아!

어린이였을 때, 난 해맑고 순진하게 보였지만 사랑받고 싶은 마음 안에 서운함과 질투, 두려움과 죄책감, 원망 같은 여러 감정들을 안고 있었다. 그렇기에 이렇게 다채로운 감정들도 적을 수 있는 일기장이 있으면 좋겠다고 바랐던 적이 있다. 바르고 착한 아이가 되어야 하는 일기가 아니라, 못나고 부끄러운 마음도 용기 내어 말할 수 있는 일기. 유년 시절의 일기를 보면서 몇 가지 일화가 떠올랐다.

어느 날, 피아노 학원 선생님이 "너의 라이벌은 누구니?" 하고 물어보았다. 내가 '라이벌'이란 뜻조차 모르자 선생님은 나를 한심해하며 라이벌이 있어야 실력이 좋아진다고 했다. 그때의 난 '누군가와 비교해서 잘 치고 싶기보다는 즐겁게 치고 싶어요.' 라는 말을 하고 싶었지만, 입 밖으로 꺼내지 못했다.

하지만 글을 쓸 때는 라이벌이 있었다. 평소에 글을 잘 쓰지 못하던 친구가 나보다 글을 더 잘 쓰게 되어 글짓기상을 받은 적이 있다. 그날 일기에 다음과 같이 썼다. '1993년 10월 18일. 내가 상을 받았을 때 박수를 힘껏 쳐준 친구처럼 나도 박수로 축하해 주었다. 서로 경쟁하면서 상을 받는 것보다 잘하면 축하해 주고, 좋은 점은 본받는 것이 아마 글짓기 대회의 중요한 의미일지도 모른다' 하지만 이날 질투와 속상한 마음은 일기에 쓰지 않았다. 일기 또한 글짓기 대회의 연장이 되고 말았다.

친구의 무리한 부탁을 거절하고 싶지만 우정을 위해 수락한 날, 속상하지만 말하지 못했다. 밀린 방학 숙제를 하다가 너무 힘들어서 차라리 그냥 매일 학교에 가는 것이 낫겠다고 한숨 쉬며 일기에 쓰던 날도 있었다. 『바른생활』 교과 과정에서 늘 강조하는 양보에 대한 미덕은 그것이 정말 필요하지 않은 순간에도 나의 욕망을 제대로 바라보지 못하게 했다. 책임과 성실에 대한 도덕적 책무는 게으르지만 완벽함을 추구하는 아이에게 자괴감과 죄의식을 안겨주었다.

지금도 절대적으로 좋고 나쁜 것이 있는 게 아니라, 엎치

락뒤치락하며 기울어 보기도 하고 흔들려 보기도 하는 과정 속에서 중심을 찾아가는 것을 배워가고 있다. '이런 날도 있고 저런 날도 있단다. 그러니까 괜찮아!' 라는 말을 지금의 나에게도 여전히 해주고 싶다.

남들과 다른 기준 #1.
어떤 취향과 이상한 오해

4학년 때까지 늘 학급에서 키가 제일 컸기 때문에 운동장에서 '기준'은 내가 되었다. 기준을 중심으로 열과 줄을 맞추며 헤쳐 모이는 그 시간이 정말 싫었다. 기준이 된 내가 잘못 서는 순간, 모든 줄과 열이 망가진다. 이것이 내게는 일종의 공포였다. 한편, 소위 좋은 기준이라고 불리는 것들은 내가 좋아하는 것과는 대체로 달랐다. 남들과는 조금 다른 것들을 좋아한다는 이유만으로 때때로 의도치 않게 나는 '착한 어린이', '사려 깊은 어린이'로 오해되어 모범상을 받곤 했다.

어렸을 땐 청소하는 것이 너무 즐거웠다. 어떻게 움직이는지에 따라 다양한 결과를 볼 수 있기 때문이다. 청소도 도구를 어떻게 쓰는지, 힘 조절을 어떻게 하는지에 따라 놀이처럼 매번 새로운 변화를 만들어 갈 수 있었다. 유리창청소를 할 때는 바깥의 흘러가는 풍경들을 구경할 수 있어서 재미있었다. 특히 왁스로 마룻바닥에 광을 내면 희미하지만 거울처럼 비칠 때가 간혹 있었는데, 그 순간이 너무 신기하고 좋았다.

그런데 진지한 얼굴로 청소하는 이런 모습을 보고 모두가 착하다고 했다. 선한 마음으로 무언가를 좋아하고 행동한 게 아니라, 내가 정말 좋아하고 욕망하는 것을 했을 뿐인데 그것은 종종 선한 의도로 비쳤다. "선생님, 그리고 친구들아! 난 청소가 정말 재미있었을 뿐이야!" 이 말은 미처 하지 못했다. 나에게 덧씌워진 착한 어린이를 부담스러 하면서도 한편으로는 꽤 괜찮은 이미지구나 생각하기도 했다.

어느 날에는 대청소를 하고 선생님이 몇몇 아이들을 불러 수고했다며 연필을 한 타스씩 선물로 주었다. 다양한 그림이 프린트된 연필들 중에서 마음에 드는 것을 직접 고르게 하였는데, 나는 파란색 턱시도를 입은 '어린 왕자'가 그려진 연필을 골랐다. 분홍색보다는 파란색, 그리고 중성적인 것을 좋아했기 때문이다. 그때 아이들이 일제히 말했다. "역시 너는 착해! 예쁘지도 않고 귀엽지도 않아서 아무도 안 고를 것 같은 연필을 가져가다니!" "아니야! 난 이 연필이 제일 좋아서 고른 거야!" 하지만 작은 목소리는 친구들에게 닿지 못했다. 이날 집에 가면서 혼자 속으로 얼마나 외쳤는지 모른다. '나도 내 취향을 오롯이 인정받고 싶다!!!'

남들과 다른 기준 #2.
선을 그리는 여러가지 방법

초등학교 입학을 떠올리면 가장 먼저 생각나는 장면이 있다. 교과서 초반에 외나무다리에서 만난 흑염소와 백염소가 서로 먼저 다리를 건너려고 다투는 이야기가 있는데, 그 아래 '이 상황에서 어떻게 하면 좋을까?' 질문에 답을 적는 칸이 있었다. 나는 외나무다리 위에 놓인 두 염소가 너무 위태로워 보여서 불안하고 조마조마해 눈물을 글썽였다. 책 속의 염소들에게 눈앞에 놓인 실제 상황처럼 감정 이입했기 때문이다. 1학년 때 나는 비현실인 것을 알면서도 현실처럼 생생하게 느끼곤 했다. 책을 읽다가 진짜 책 속으로 들어가는 상상의 모험에 빠지기도 했다.

흑염소와 백염소는 어떤 대화를 나누었을까? 외나무다리가 갑자기 무너져서 누군가 다치지는 않을까? 이런저런 상상을 하며 비어 있는 칸을 쉽게 쓰지 못했다. 그때 선생님은 '함께 양보하는 것이 훌륭하다고 생각합니다.' 로 적어야 한다고 했다.

하지만 8살의 나는 정답은 없다고 생각했다. 양보하더라도 뒷걸음치는 순간에 외나무다리에서 떨어질 수도 있기 때문이다. 외나무다리는 안전하지 않다. 양보도 물론 중요하지만 구조를 바꾸는 방법도 있다. 그래서 작은 다리를 옆에 하나 더 놓아준다면 어떨까? 하는 상상을 했다. 심각하게 고민하며 망설이던 나를 선생님은 속도가 많이 느린 어린이로 받아들였다. 하지만 지금은 그때 말하지 않았던 생각이 훨씬 더 '나답다'고 여긴다. 그리고 저마다 다른 차이를 이해하며 다그치지 않고 기다려주는 시간이 어쩌면 커다란 의미에서 양보가 될 수 있다고 생각한다.

선을 그리는 방법에는 여러 가지가 있다. 손의 소근육이 아직 덜 발달한 어린이를 위해 다양한 선을 따라 그려보는 학습내용이 교과서에 수록되어 있었다. 직선 그리기, 곡선 그리기, 더 나아가 나선형 곡선(스프링) 그리기가 있었다. 나는 나선형 곡선 그리기를 할 때 책에서 알려주는 방법으로 선을 그리지 않고 다른 방식으로 그렸다. 하단 곡선의 선을 먼저 그린 다음에 위에 동그라미를 그린 것이다. 때마침 그 모습을 본 선생님은 "우리 반에서 나선형 곡선을 이상하게 그리는 사람이 있네!라고 했다. 나의 이름을 말하진 않았지만 너무 부끄러워서 얼굴을 들 수 없었다.

기본이 되는 것을 먼저 연습한 이후에 변화와 변주를 시도하는 것이 보통의 학습이겠지만, 때로는 나 같은 아이도 한 명쯤 있지 않을까? 있어도 되지 않을까? 하는 생각을 해본다. 일반적인 기준에서 벗어나는 것이 틀리고 이상한 것이 아니라, 또 다른 새로운 가능성을 만들어 낼 수도 있다고 생각해 보면 어떨까? 어른이 된 지금은 오히려 다른 방식으로 그리는 것이 훨씬 더 어렵다.

기쁨과 슬픔이 흔들리는 낯선 어느 하루

학교에서 화재 대피 훈련이 갑자기 생겨 점심을 먹지 않은 채 오전 일찍 수업을 마친 적이 있다. 예기치 못한 수업 종료로 점심시간 전에 집에 왔는데, 엄마는 없었고 집안은 막 소독이 끝나 희뿌옇고 숨을 쉬기가 어려웠다. 그래서 베란다에 신문지를 깔고 도시락을 먹으며 흘러가는 구름을 바라보고, 화분들 사이를 오가는 개미들을 구경하고, 식물에 물을 주기도 하며 소독약이 빠지기까지 혼자 시간을 보냈다. 좁은 베란다였지만 처음 맞이해 보는 경험에 흥분되었고, 작은 여행 같은 시간을 즐겼다.

몇 시간 후쯤 어머니가 돌아왔는데, 당황해하지 않고 나 홀로 씩씩하게 시간을 보낸 것이 기특하다며 안아 주었다. 그런데 그때 기쁘면서도 눈물이 조금 났다. 언젠가는 혼자가 될지도 모른다는 생각을 했던 것 같다. 그래도 그때의 경험은 작지만 스스로 무언가를 해내는 기쁨을 더 알게해 주었고 이전보다 나를 한 뼘 자라게 해 주었다. 전혀 예상하지 못한 일에 부딪힐 때마다 어려움과 좌절도 있겠지만, 시도해 보지 않으면 결코 모를 배움들. 지금의 나는 오히려 모든 것들을 혼자 해내려고 하고, 함께 하는 법을 어려워한다. 혼자 해보고, 함께 더 나아가 보기를 다시금 배우고 있는 중이다.

고학년이 되면서는 자신이 좋아하고 속상한 것을 기록하는 것을 넘어 점점 바깥을 향해 일기를 쓰기 시작했다. 한 보광업소 탄광매몰 사고로 갇힌 6명의 광부들 중에서 유일하게 단 한 사람만 생존했다는 뉴스를 본 날이었다.

> 1993년 8월 18일
> '그의 가족들은 기뻐서 껴안고 우는데, 다른 한 편에서 죽은 광부들의 가족들은 울고 있었다. 한 생명이 살아남으로써 기뻐하고, 한 생명이 죽음으로써 슬퍼하는 것을 보았다.'

내 주변만 살펴보다가 처음으로 멀리 떨어진, 한 번도 만난 적 없는 사람들의 시간에 대해서 생각해 보게 되었다. 앞으로 유가족들은 어떤 시간 속에서 살아가게 될까? 이 사고는 왜 생긴 것일까? 세상은 하나의 단면만 있는 것이 아니라 다채롭고 복잡하며, 어쩌면 잘 보이지 않는 이면 속에 진실이 있을 거라는 생각도 했다. 그렇게 세상을 조금씩 알아가기 시작했다. 생명의 안도와 슬픔을 동시에 알게 된 날이었다.

몸짓과 목소리들이 물결치는 세계

일기장과 함께 유년 시절에 받은 편지와 카드도 읽어보며, 지금의 나를 되돌아보았다. 8살 때 선생님이 편지에 써준 '마음이 넉넉한 사람'은 되지 못했다. 10살 때 친구가 크리스마스 카드에 써준 '아름다운 숙녀'도 되지 못했다. 11살 때 선생님이 새해 카드에 썼던 '너무 얌전하고 말이 없는 점'도 크게 바뀌지 않았다. 여전히 나는 작은 것에도 휘청거리는 사람이고, 무용하지만 아름다운 것을 좋아하고, 불안정함을 동력 삼아 어디로 튈지 모르는 채 나다움을 계속 찾아가고 있다. 반성과 자책 속에서, 때로는 스스로를 격려하면서 오늘을 살아가고 있다.

우리는 모두 누군가로부터 영향을 받으며 그 속에서 고유한 자신의 목소리를 찾게 된다. 그중에서도 어린이로서 존재하던 시기에 만난 사람들과 풍경은 어른이 되어서도 깊은 영향을 준다. 이때 어린이가 경험한 세계는 어른이 될 미래의 조각들이 된다. 누군가의 응원과 인정도 필요하지만 부족한 것을 있는 그대로 드러내며 스스로에게 '이런 서툰 나도 괜찮아!' 하고 툭 건넬 수 있는 순간도 귀하다고 생각한다. 세상이 규정하고 판단하는 방식이 아니라, 자신만의 시선과 감각으로 세계를 바라보는 것을 조금씩 배워가기 때문이다.

매일 지나다니는 평범한 길을 친구와 함께 다양한 몸짓으로 걸었던 하루가 생각난다. 앞으로 걷다가 뒤로 걷다가, 점프하며 걷다가, 한 발로 콩콩콩 뜀 뛰며 걷다가, 손뼉 치며 걷다가, 눈감고 손뼉 치며 걷다가, 뱅글뱅글 돌면서 걷다가, 춤을 추며 걷기도 했다. "우리가 지금 걷는 이 길을 이렇게 걸었던 사람은 그동안 없었겠지? 아마도 우리가 최초일 거야!" 대단한 놀이를 발견한 탐험가처럼 친구와 나는 으쓱해 하며 함께 만든 놀이에 푹 빠졌다. 걸음이 점, 선, 면으로 시시각각 변하며 노을이 저물어가던 그때, 순간은 영원이 되었다. 그런 몸짓으로 세상을 더 만나고 싶다는 생각을 종종 한다.

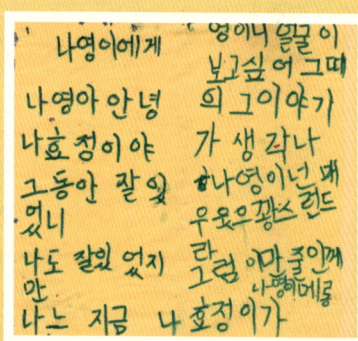

믿고 기다려주는 순간 자라나는 것들에 대하여

몇 년간 문화예술교육 현장에서 다양한 어린이들을 만나오고 있다. 때때로 기관 선생님들은 주의 깊게 눈여겨봐야 할 몇몇의 어린이들을 알려주었다. 사전에 인지하여 잘 대처해 주길 바라는 마음에서 고민하며 공유한 것이다. 그런데 그것은 어린이의 아주 작은 단편적인 정보일 뿐, 실제로 만나 오면서 알게 된 것은 모든 어린이들이 저마다 고유한 개성과 빛나는 자질을 갖고 있다는 점이다. 그리고 선생님이 우려를 표한 어린이일수록 처음에는 멈칫하지만, 어느 순간 신뢰가 쌓이면 자신을 있는 힘껏 열어 보이며 스스로 변화를 도모했다. 헤어질 때는 처음 만났을 때와 다르게 어느새 성큼 자라 있었다.

길고양이를 잘 돌보는 어린이, 팽이를 잘 치는 어린이, 말이 거의 없지만 다른 사람의 이야기를 귀담아 잘 듣는 어린이, 몸을 움직이기 싫어하지만 글 쓰는 시간을 좋아하는 어린이, 서투르지만 무언가 늘 시도해 보려는 어린이, 선생님과 친구들의 마음을 세심하게 살피는 어린이 등 저마다 본연의 모습이 발현되는 순간과 그때의 움직임은 모두 다르다. 그 시간을 충분히 기다리며 믿어 주는 것, 모든 시도를 응원해 주며 자기 자신이 되도록 격려하는 것이 내가 해야 할 몫이지 않을까 고민해 보게 된다.

어린이들은 어떤 꿈과 고민을 가지고 있었나? 그때 나는 어떤 존재로 곁에 있었나? 어린이들은 만날 때마다 내게 자신에게 소중한 것, 새롭게 발견한 것, 남모를 어려움, 두렵고 속상한 마음에 대해 이야기해 주었다. 그런 이야기를 듣고 집에 돌아갈 때면 두근두근 거리기도 하고, 가슴 한 구석이 찌르르하기도 했다. 마음이 물결치던 그 모든 것이 사랑이었다.

어린이를 만난다는 것은 유년 시절의 자신뿐만 아니라, 어린이를 거쳐 어른이 된 우리 모두를 다시금 바라보는 것이기도 하다. 지금의 어른이 되기까지 무수히 거쳐온 좌절과 성취, 불안과 위안, 탄식과 기쁨의 시간들을 되짚고 곱씹게 된다. 어른이 되었지만 커다란 몸속에 여전히 작게 웅크리고 있는 어린아이가 희미하게 언뜻 보일 때가 있다. 다른 사람에게 이상하게 보일까 봐 두려운 마음에 하지 못하던 것을 해도 '괜찮아!', 모자라고 연약한 부분을 드러내도 '괜찮아!', 조용하고 말이 없는 성격을 고치려고 애쓰지 않아도 '괜찮아!'라는 이야기는 어린이들에게 해주고 싶은 말이면서 동시에 스스로에게 들려주고 싶은 말이기도 하다.

어린이였을 때 듣고 싶었던 말들을 도장으로 만들어 보았다. 느리고 더딘 과정을 응원해 주며, 자신을 스스로 믿어보도록 마음을 일으켜주는 도장. 작고 사소하지만 도장을 찍을 때 문구에 담긴 마음도 함께 머물다 간다. 크든 작든 자신의 몸과 마음에 깃든 소중한 것들은 세상을 살아가는 힘이 된다. 다양한 가능성이 열려 있는 여백의 시간까지 넉넉하게 품어주는 도장도 있으면 좋겠다는 상상을 해본다. 어른이 되어도 여전히 서툴고 두려운 순간들이 많지만, 울퉁불퉁한 시간들을 피하지 않고 맞대어가며 잘 만나고 싶다.

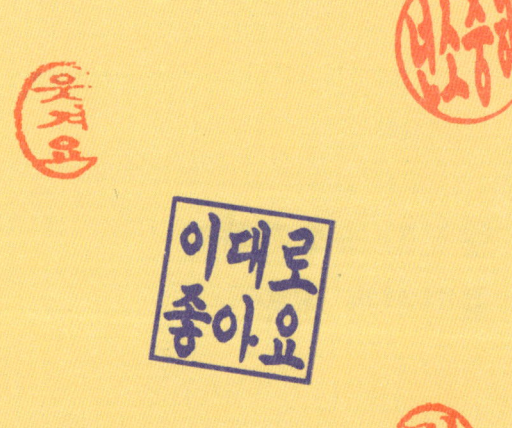

1988년 10월 22일 토요일

내가 꿈을 꾸었나요?

그래. 네가 꿈을 꾸어서.

아, 그랬구나.

에일리언 해킹하기
: 어느 날 지렁이가 되는 꿈을 꾸었다.

곽혜은

잠에서 깨 눈을 떴다.
아직 주변이 컴컴한 걸 보니 평소보다 일찍 일어나 버렸구나.
시간을 확인하기 위해 익숙하게 손을 뻗는다.
그러자 잔뜩 주름지고 반짝이는 분홍색의 무언가가 휴대폰을 감싼다.
그것이 내 몸이라는 것을 알게 되기까지
그리 오래 걸리지 않았다.

어둠 사이로 굴절되지 않은 빛들이 약하게 스민다.
아주 미세한 빛이지만 내 몸은 그것을 좋아하지 않는다.
온몸에 존재하는 광수용체는 본능적으로 빛과 멀어지게 만든다.
'저 빛에 오랫동안 닿아 있으면 내 몸은 재가 돼 버릴 거야.'
각 마디의 돌기를 사용해 땅을 파 앞으로 밀고 당긴다.
앞으로 앞으로 이동한다.
뒤로 가는 방법은 나도 모른다.

∴ 지렁이의 감각기관
지렁이는 시각 기관이 없고 단순한 구조로 되어 있지만, 광수용체, 촉각 수용체, 화학 수용체 등을 통해 빛, 진동, 화학 물질, 온도 등의 변화를 감지하고 주변 환경에 대응한다. 이를 통해 지렁이는 토양 속에서 안전하게 먹이를 찾고 위험을 피하며 생존한다. 피부 전체에 걸쳐 분포된 감각수용기는 특정 감각을 담당하며 각각 밀도가 다르다.

도대체 여긴 어디지?
앞으로 나아가던 중 거대한 진동이 느껴진다.
이곳이 원래 진동이 많은 곳인지,
갑작스러운 사건인지는 모르겠지만
반사적으로 몸을 숨길 곳을 찾는다.

두더지인가? 아니면 또 다른 이유일까?
적어도 진동의 진원지로부터
도망쳐야 한다는 것은 확실하다.
내가 할 수 있는 것은 이것밖에 없기 때문이다.
열심히 도망가서 깊은 곳으로 숨는 것.

내겐 이렇다 할 방어 수단도, 공격수단도 없다.
몸의 크기는 누군가의 한 입 거리가 될 만큼
작은 데다가 자연에서 쉽게 눈에 띄는
분홍의 몸을 가지고 있다.
미세한 자극에도 바로 생채기가 나버리는
연약한 피부를 가졌으면서도 다리가 없어
빨리 갈 수도 없다.
하다못해 독침이라도 있으면
위협이라도 하는데 그것도 없다.
누군가에게 발각되면 나는 즉시
그의 먹이가 될 것이다.

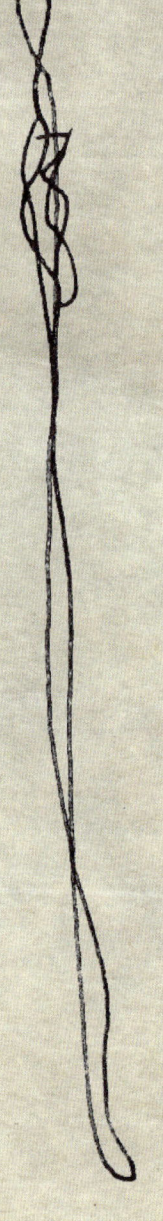

** 지렁이의 천적: 두더지, 개구리 등 양서류, 육식성 거머리, 딱정벌레, 사마귀 등 육식성 곤충, 뱀,
도마뱀 등 파충류, 설치류, 새 그리고 **인간의 발**, **자동차 타이어**

필사적으로 꿈틀거려서 진동의 위험에서 벗어나니
배가 고프다.
움직일수록 맛있는 먹이를 갈망하게 된다.
가장 먹고 싶은 건 잔뜩 부패해 버린 단풍잎… 사과나 당근도 좋다.
채소나 과일같이 단맛이 도는 것. 커피 찌꺼기도 맛있는데….
달걀껍질도, 신문지랑 달걀판도 꽤 괜찮았지.
아, 그때 어쩌다 먹게 된 귤껍질은 최악이었어.

※ 지렁이의 먹이: 무 같은 단단한 채소, 옥수수 껍질이나 속대, 사과 심, 드립커피의 종이필터, 달갈 껍데기를 좋아하고 탄수화물, 오래된 종이 타월, 머리카락은 조금씩 먹는다.
가장 좋아하는 맛은 단맛이다. 과일이나 채소를 가장 좋아하는데 다만 귤이나 오렌지, 레몬은 못 먹는다. 육고기류, 유제품, 생선, 썩은 된장, 조개껍데기, 양파, 마늘, 고추는 좋아하지 않는다. 섬유질이 많은 식물성 식품은 쉽게 분해하지만, 단백질이 많은 동물성 식품은 분해하기 어려운 편이다.
그 외 종이를 만들고 남은 제지 찌꺼기, 진흙 쓰레기, 하수 찌꺼기, 빵 찌꺼기, 맥주 찌꺼기, 축산 찌꺼기도 먹는다.

몸을 잠시 멈춘다.
몸의 화학수용체를 통해 먹이의
화학신호를 감지한다.
감각이 이끄는대로 간 그곳에는
썩은 낙엽이 있다. 재빨리 입으로
흙과 함께 유기물을 삼킨 후,
몸속에서 잘게 부숴 소화한다.
이렇게 분해한 유기물은 다시
배출하여 땅으로 돌려준다.

낙엽의 유기물은 토양의 정보를
알려준다.
가까운 곳에 이곳과 비교가
안 될 정도의 양질의 토양이 있다.
푸석하게 주름진 몸은 양질의 토양을
만날 생각에 다시금 영롱한 체액으로
반짝인다.

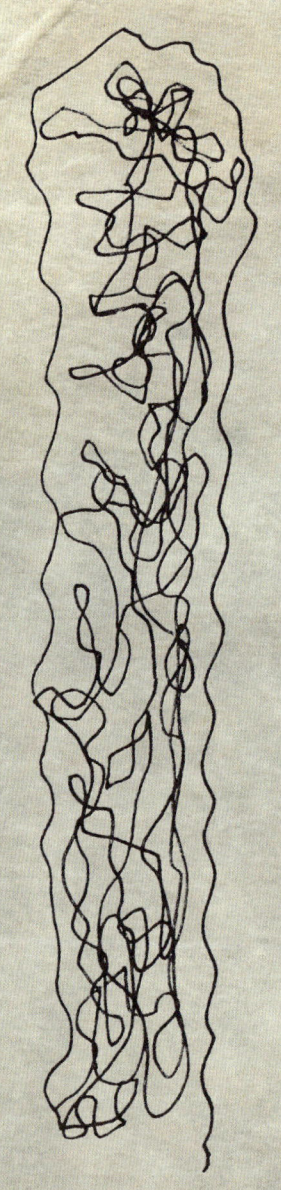

** 지렁이의 분변토는 영양이 굉장히 풍부해서 식물의 성장을 돕고 토양의 물리적 구조를 개선하는
데 큰 도움을 준다. 토양 속에서 미세한 입자들이 결합해 배수성과 통기성을 높이고, 토양의 보습력을
증가시켜 식물 뿌리 성장에 유리한 환경을 만든다. 또한 토양 속 미생물들의 활동을 촉진해 자연적인
분해 과정을 빠르게 만들고, 토양의 생태계를 더욱 건강하게 유지하게 한다.

양질의 토양이 있는 곳으로 몸을 움직인다. 충분한 유기물을 먹었으니
다시 빛이 없는 곳으로 파 내려간다. 촉촉하고 아늑한 곳으로,
산성화되지 않은 자연의 땅으로.

그리고
우연히
그곳에서.

※ 지렁이는 자웅동체로, 한 개체가 암컷과 수컷의 생식기를 모두 가지고 있는 생물이다. 그러나 자가 수정을 하지 않고, 다른 지렁이와 교미하여 생식한다. 이는 지렁이가 더 쉽게 번식하고 개체수를 유지할 수 있게 해주는 **생존 전략**이다.

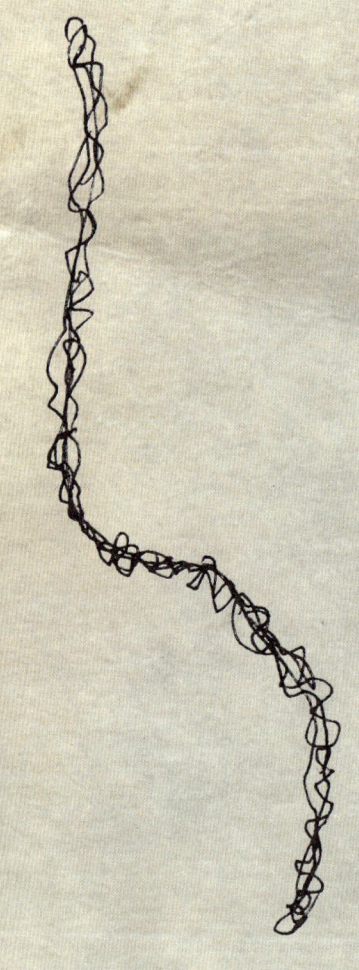

촉촉해야 하는 흙이 축축해졌다. 흙이 축축하다는 것은 비가 오고 있다는 것이다. 얼마 안 가서 이곳은 물바다가 될 것이다. 어서 이곳을 빠져나가야 한다.
내 몸은 습한 토양에서 피부로 산소를 흡수하기 때문에 비가 오면 공기가 부족해진다. 게다가 이때 천적인 두더지가 맹렬하게 활동을 하니 서둘러야 한다.

❊ 비가 올 때 지렁이들이 지상으로 올라오는 현상이 있는데, 사실 이 현상은 지렁이가 숨을 못 쉬어서 나오는 것이 아니라 천적 회피 및 이동 혹은 짝짓기를 위하여 나오는 경우가 많다. 피부호흡을 하는 지렁이는 물속에서도 2주 동안 생존할 수 있다.

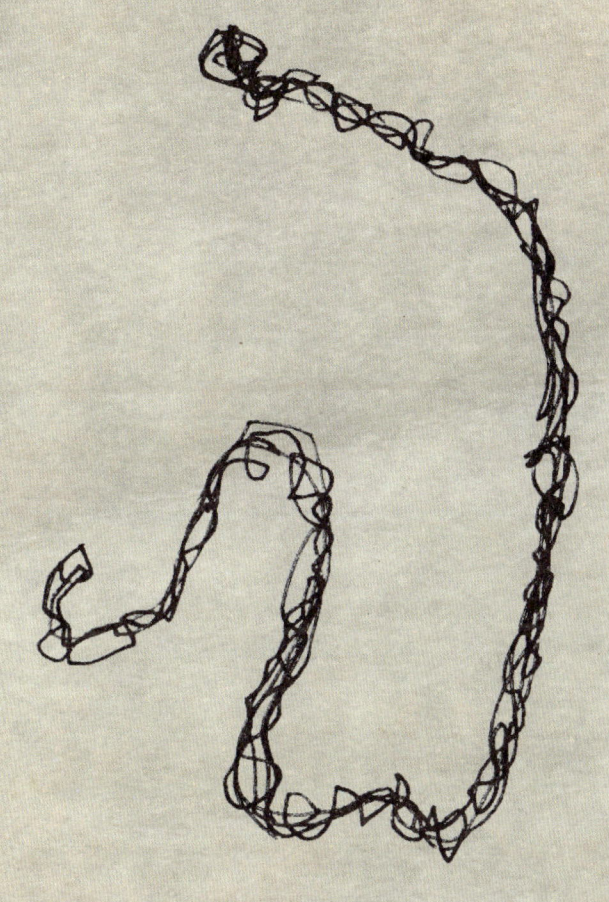

정신을 차리고 보니 나는 아스팔트 위에 놓여있다. 이곳은 흙처럼 파고
들어갈 수 없어 그 위로 지나갈 수밖에 없는데, 열기와 진동이 어찌나 가득하고, 냄
새는 얼마나 이상한지… 자칫하다가는 길을 제대로 찾지 못해 그 위에서
말라버리거나 지나가는 이의 발길질에 밟혀버리기 쉽다.
포식자의 공격에 무방비로 당할 수도 있다.
서둘러 이곳을 빠져나가야 한다.

몸이 짧아졌다.
나는 아스팔트 위를 열심히 기어가고 있었는데 찰나의 순간
무언가 몸 위를 지나갔다. 이전에는 느낄 수 없었던
강한 진동과 함께 열기를 내뿜는 그것.
그것은, 지나가고 나서도 한참 동안 검고 매캐한 연기를 남기고 있었다.

의식이 있는 이 부위는 다행히 머리.
나는 머리를 빼꼼 들어 납작해진 내 두 번째 몸을 바라본다.
납작해진 부분 끝에는 아직 의식이 있는 마디가 파닥인다.

내 몸에 대한 추모도 하지 못한 채
흐느낄 새도 없이 어지러이 그곳을 빠져나온다.

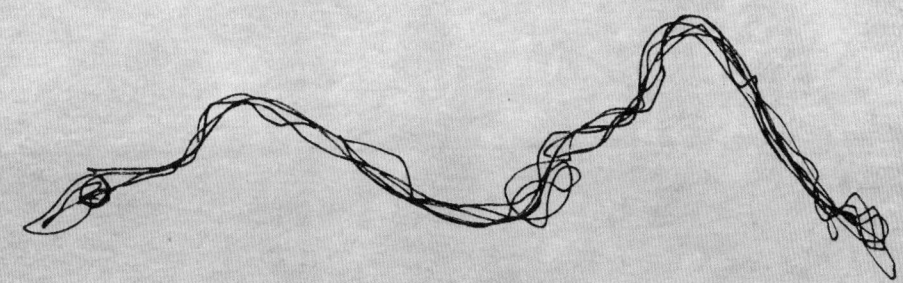

이름을 알 수 없는 토양에서 잠자고 있는 지렁이를 보며 나는 꿈에서 깨어났다.
그곳은 습하고, 어둡고, 화학물질이 없으며 유기물이 풍부했다.

문득 산에서 우연히 지렁이를 보며 했던 생각이 떠올랐다.

'이 지렁이는 여기서 얼마나 커질 수 있을까?'

※ 땅의 용이라고 불리었던 지렁이는 오래전부터 비옥한 땅의 징표였다. 지렁이는 땅속에 굴을 파고 서식함으로써 토양에 공기를 공급하고 배수를 용이하게 하므로 지렁이가 많은 지역은 산사태나 홍수가 잘 일어나지 않는다. 보이지 않는 곳에서 환경을 지키는 조절자 역할을 해오고 있다.

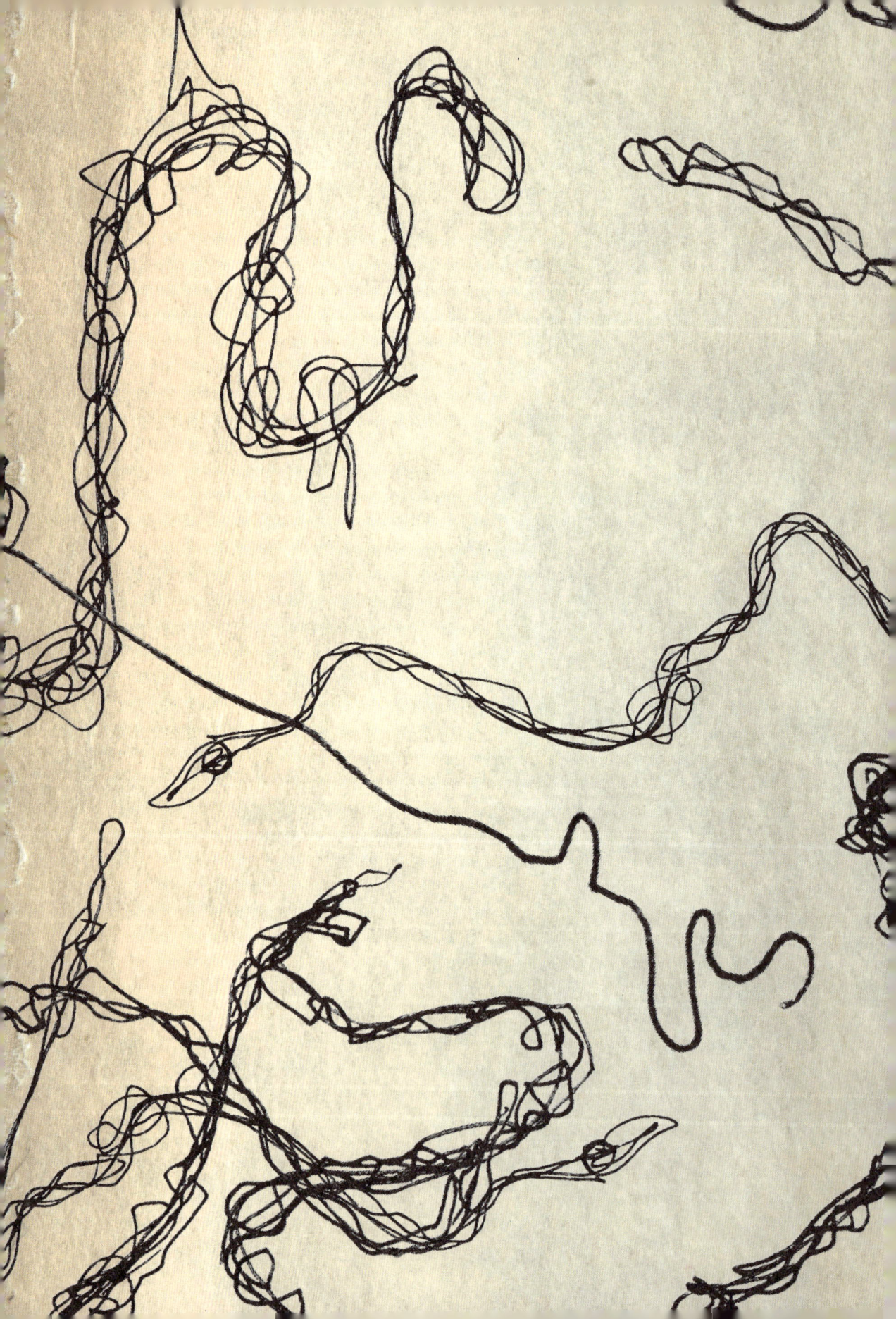

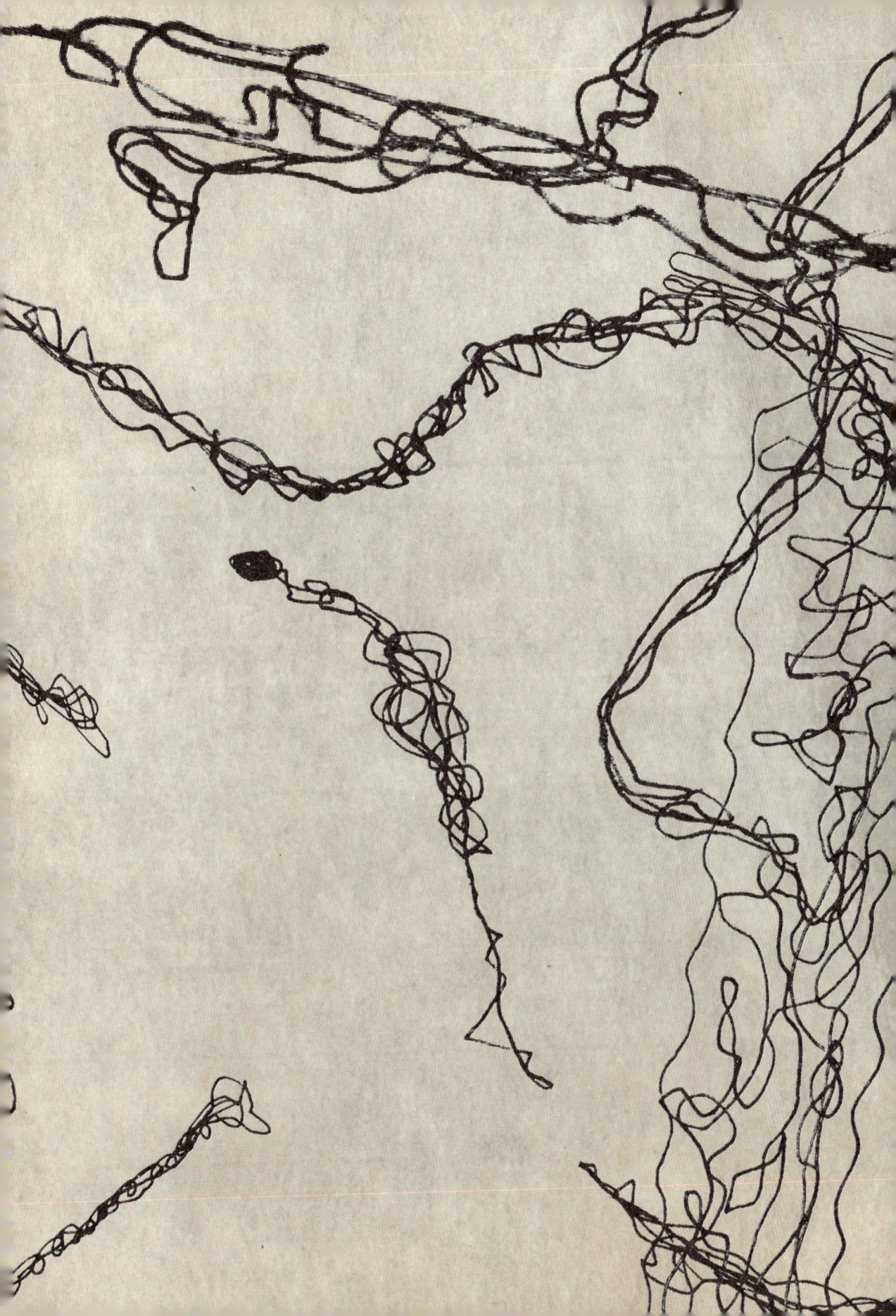

귀로 듣는 소리가 아닌,
눈으로 보는 소리와 피부로 느끼는 소리 풍경입니다.
한 공간 안에 있는 많은 소리를 종이 한 장 한 장 넘기면서 보는
소리 장벽이자 소리 계층입니다.

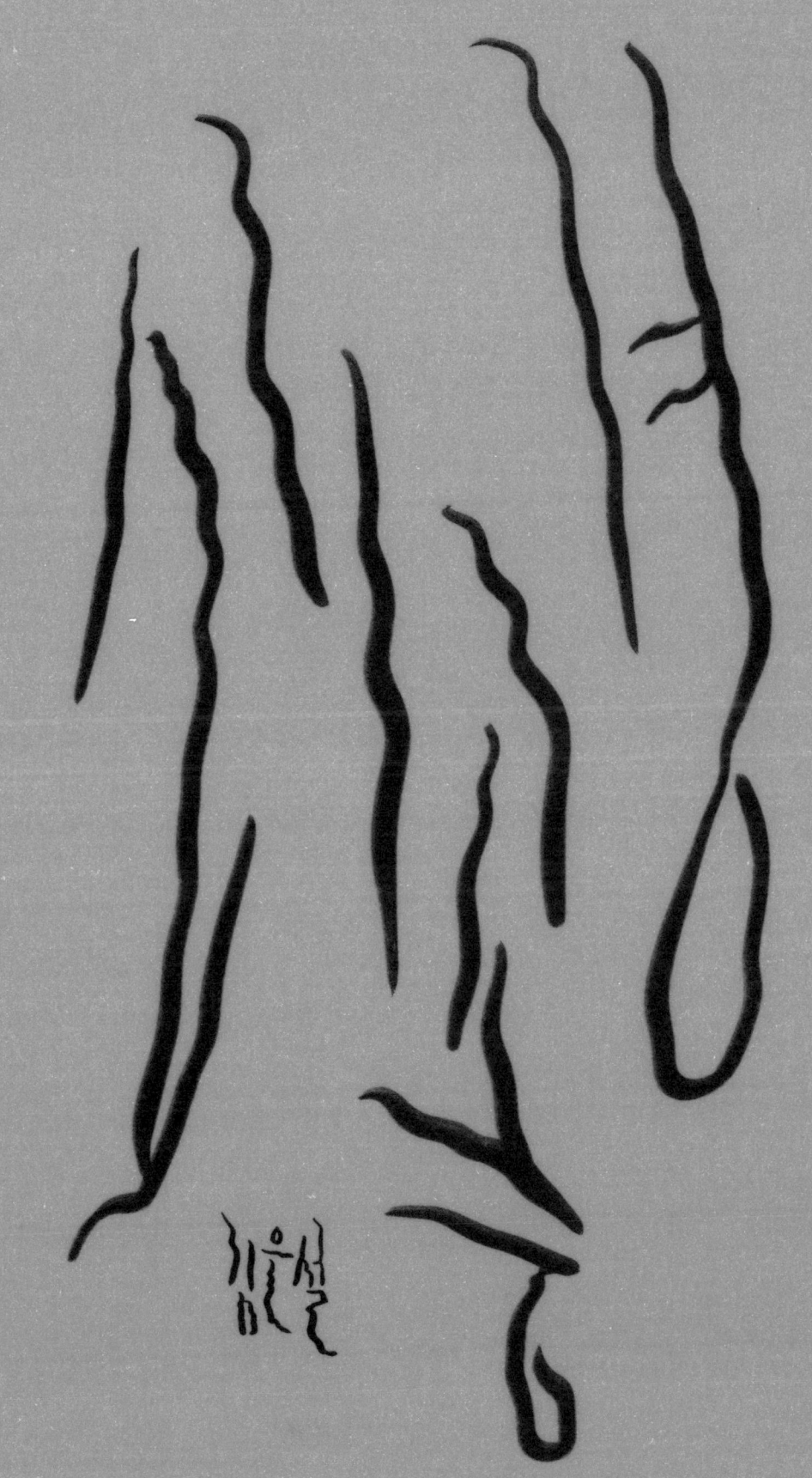

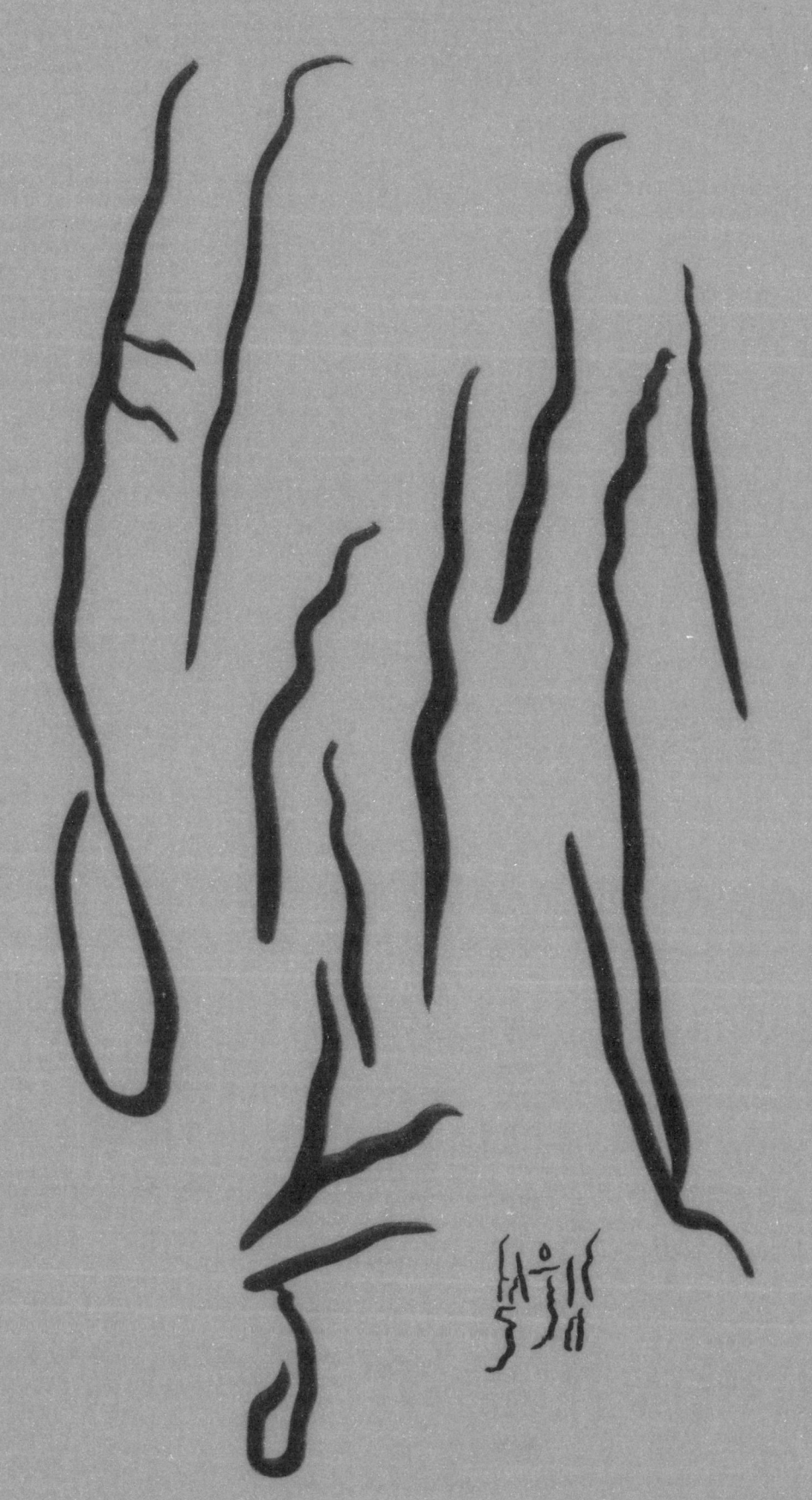

먹색 구름들이 하늘을 덮어씌우며 무무무 무무무하고 왼쪽으로 흐른다

비행기가 구름 속으로 슈유유움 하고 숨었다

연노랑 빛이 비잉비잉 하늘을 물들이고 있다

소리가 꽉 찬 것 같은 고가도로가 묵묵하게 저 멀리까지 뻗고 있다

마--- 묵직한 저음을 내고 있는 다리들

빨간 조명의 십자가가 지이이잉 진하게 울린다
저 멀리 건물들이 지그재그로 묵묵하게 있다

뾰족한 파이프 라인이 하늘을 향해 삐익- 하며 울린다

나무들이 촤르르르 잎사귀를 흔들며 안녕한다

높고 가느다란 소리들이 중첩되어 물 위에 반짝거린다

천막이 숨바람 불듯이 후후 앞뒤로 흔든다

수풀들이 제각각 띠용띠용 점프하듯이 휜다

밤새 구름들이 하늘을 깊이 파우며 우우우 무우우 무우우 한쪽으로 흐른다

비행기가 구름 속으로 슈우우웅 하고 숨었다

연보랏 빛이 비이잉이잉 하늘을 물들이고 있다

소리가 딱 한 것들은 고기도로가 공공하지 지 몸이지 뻘고 있다

들리는가 듣고 있는가 그 음을 진짜 마-----

빨간 조명의 잠자리가 이이잉 저지다가 울움다
저 벌레 새들이 디지거고 문문하게 있다

나무들이 초르르 잎사귀를 흐를때 안녕하다

둥둥 우울한 방향을 알려주며 이오리 피이프 한존력

꽃고 가느다란 소리들이 중합되어 물 위에 번쩍거린다

천막의 숨바꼭질 불꽃이 후후 앞뒤로 흐른다

수풀들이 지거거 미용하게 꽃고뭇이 핀다

신호등 위에 까마귀가 부리를 자기 몸에 비비적거리면서 닦는다

왼쪽 까마귀가 멀찍이 앉자 신호등 선이 휘잉휘잉 위아래로 움직인다

커다란 포물선 그리면서 삐걱거리는 포크레인

아래를 지켜보면서 헤드폰 낀 젊은 남성

좌아아 쓰응 멈춘 파란 버스

하얗고 정육면체에 가까운 차가 치이이이하면서 지나간다

느릿하게 동글게 돌아가는 흰색 차

붕-휙- 붕-휙- 기계적으로 다리를 앞뒤로 벌리며 운동하는 여성

상체를 까닥까닥거리며 움직이면서 수다 떨고 있는 두 사람

'드드드드드' 진동 떨리는 천의 물결

흰색 모자를 쓰고 크게 끄--벅 끄--벅거리면서 걷는 남성과 종종 걷는 여성

빠르게 지나가는 등 굽은 자전거

공기바람 새듯이 빼꼼빼꼼거리는 붕어들

강아지풀을 들고 느긋이 걷는 여성

덜커덕 덜커덕 몸의 중심을 휘청거리며 걷는 남성

휠체어를 탄 채 쇼오오 쇼오오 움직이며 달려가는 남성

신호등 위에 까마귀가 무리를 지어 떼지어 비상하면서 운다
왼쪽 까마귀가 빨갛게 앉은 신호등 쪽이 하강하여 움직인다

카라만 포잡그는 그리삼씨 빼 그물포만 러가다
아러내를 지로보어헤 드록 끝 값은 남성

초어이 응급 파킨 버스
하웅고 증육반치에 가차 우웅치이이이이하면서 차가 지나간다

그히지다 콩들게 롤아가는 빼 처

상처를 까기디자지미 움지이미며 수긴 앉고 있는 두 사람
봉- 봉- -팍- -기차지로 다가를 앞뒤로 발리며 운동하는 여상

'크크크크' 중동 떨리는 찬의 울림

회색 모래를 쓰고 크는 기차--팍---기 는 남성가서 신은 남성과 항상 는 여성
공기바람 새등이 빼뻑빼빼멍끔거리는 봉이들
용아지들을 풀고 그듯이 앉음품저어상
빼듯지 지나가는 동 곱은 자것지

달카닥 달카닥 지러간미 하강지며 음심을 몸의 중심 잡거거리는 남성
홀쳐내를 탁 차며 움지이며 쇼오쇼 쇼오오 끌거리는 남성

두두두두 하하하하 두하!
미소를 지은 채 고개를 위아래 움직이면서 신난 것 같은 말

쨍알쨍알 입을 바쁘게 벌렸다가 오므리며 움직이는 말

눈치를 이리저리 보는 소극적인 말

입을 다물고 묵묵한 말

웅우웅쭈왕 하듯이 입모양이 오물렸다가 벌린 말

천을 바라보면서 기계적으로 중얼거리는 말

재빠르게 스쳐지나간 묵직한 말

쿠쿠쿠쿠 하허허허하 쿠훅!
미소를 지은 채 고개를 위아래로 움직이면서 산들 쓸은 맘
쨍알쨍알 입을 벌렸다가 오므리며 움직이는 맘
북처럼 이지러지 보듬 소우주인 맘
찬물 버려보았자 기계적으로 중얼거리는 맘
입을 다물고 묵묵한 맘
우웅우웅 하듯이 모양이 오물렸다가 벌리 맘
재빠르게 스쳐지나가는 묵진한 맘

머리카락이 제법 무겁게 짓누르다가
바람 불면 앞쪽에 있던 머리카락들이 손을 부드럽게 흔드는 소리

눈꺼풀이 끄음끄음 끈적인 것이 붙은 것처럼 깜박거리는 소리

콧바람이 콧털을 스쳐지나가는 소리

혓바늘이 삐죽 서있는 채 말라가는 소리

목 안의 꿀렁이가 입천장 끝을 잡아당겨 목까지 당겼다가 놓는 소리

어깨가 배를 탄듯이 유유하게 흔들리는 소리

몸 속 알맹이가 텅 비운 채 나의 피부를 잡고 있는 소리

피부와 천이 비비적거리는 진동

두 다리가 땅으로 꺼질듯한 무게를 싣고 걷는 소리

발이 땅에게 말을 거는 소리

머리카락이 지법 무겁게 주느르다가
바람 불면 앞쪽에 있던 머리카락들이 손을 부드럽게 흐르는 소리

눈꺼풀이 끄므안 끈적임 끝의 붙은 것처럼 멀어지는 소리

콧바람이 콧털을 스쳐나가는 소리

혓바닥이 빼죽 사있는 체 말라가는 소리

몸 안의 핏줄이가 갑자기 움직지 못해 갑장 떨음 잠가졌다가 놓는 소리

아끼자 배를 터웃이 유하지 흘르는 소리

몸 손 얼엉이가 떠장 비워 채 나의 피부를 잡고 있는 소리

피부와 머리카락이 비비저리는 진동

두 다리가 맨으로 깨끗한 무짓을 섯고 낡는 소리

발이 명앙제 담을 자는 소리

커다란 버스가 지나갈 때 울리는 진동

저 멀리서 바닥을 울려대는 공사장 진동

좁은 곳에서 물이 콰르르 쏟아지는 진동

햇빛 받은 돌이 뜨뜨뜨뜨하게 올라오는 진동

일정한 리듬을 갖고 쿵쿵쿵 거리며 지나가는 런닝 진동

자전거 지나갈 때 마찰 있는 땅에서 드르륵 드르륵 울리는 진동

푹신한 걷기코스가 음묵음묵거리면서 내 발소리를 잡아먹는 진동

가다란 바스가 지나갈 때 울리는 진동

저 멈기서 바르름을 울려내는 공사장 진동

좁은 곳에서 물이 크르드 쏟아지는 진동
뭇빛 남은 돌이 끄프프하거세 올라오는 진동
일정한 리듬을 찾고 퉁퉁 지나가며 달리는 진동
진짜가 지나갈 때 멈출 곳을 드르륵 드르륵 올리는 진동
풍선한 기스코가 음음음거리면서 내 발소리를 잡아먹는 진동

『할아버지가 사랑한 무지개』 번역·편집 후기
더 멀리 나아가는 무지개빛 그림책 만들기*

프라이드(pride)는 어떻게 번역해야 할까? 국립국어원의 표준국어대사전에서는 '프라이드: 「명사」 자신의 존재 가치, 소유물, 행위에 대한 만족에서 오는 자존심'이라고 소개하고, 옥스퍼드 영한사전에서는 '1. 자랑스러움, 긍지, 2. 자랑거리, 3. 자존심'이라고 설명한다. 그렇다면 『할아버지가 사랑한 무지개』의 원제 『그랜대드쓰 프라이드(Grandad's Pride)**』는 『할아버지의 자랑스러움』이 되어야 할까? 하지만 김다현 번역가와 윤여준 편집자는 『할아버지가 사랑한 무지개』로 제목을 지었다. 이들은 어떻게 새로운 제목을 만들게 되었을까.

1 이 책이 쥬쥬베북스의 첫 번역서로 알고 있어요. 출판사의 첫 번역서를 퀴어 그림책, 『할아버지가 사랑한 무지개』로 선택한 이유가 있나요?

편집자 윤여준 (이하 윤) 『할아버지가 사랑한 무지개』는 밀리가 할아버지의 다락방에서 무지개 깃발을 찾고, 할아버지에게 무지개의 의미와 무지개 축제(퀴어문화축제)에 대해 듣게 되며 일어나는 이야기를 담고 있어요. 할아버지의 이야기를 들은 밀리는 무지개 축제를 가자고 하지만 할아버지는 나이가 들어 도시까지 나가기 힘들다고 하죠. 그래도 무지개 축제를 즐기고 싶던 밀리는 할아버지의 마을에서 마을공동체와 함께 작은 무지개 축제를 만들며, 다양한 사랑과 존중에 대해 배우고 경험하게 되어요. 원서를 통해 이 이야기를 보는 순간, 무척 욕심이 났어요. 꼭 가져오고 싶었죠.

사실 처음부터 별다른 계산 없이 출판사를 차리면 퀴어 그림책 하나는 꼭 내야 한다는 생각이 당연스레 자리 잡고 있었어요. 최근 들어 이 질문을 여러 번 받으며 왜 그랬을까 생각해 보니, 특별한 이유가 있기보단 어느 날 옆을 돌아보니 주변엔 많은 퀴어 친구들이 있었고 그 친구들과 함께 세상의 불합리한 일들에 화내는 시간이 쌓이며 저에게도 자연스럽게 책임감이 생겨난 거 같아요. 그렇게, 제가 할 수 있는 역할이 뭘까 생각했을 때, 앨라이로서 이 엉망진창 사회에 더 많은 좋은 이야기를 퍼트리는 거라고 생각했어요. 그렇게 출판사를 차렸으니 당연히 퀴어 그림책을 내야겠다는 생각을 하게 되었어요. 좋은 책을 출판하기 위해 해외 서점에서 퀴어 그림책들을 추천받아 사 오기도 하며 국내외 퀴어 그림책들을 모으기도 했고요.

그 과정에서 좋은 책들을 무척 많이 만났는데요. 그중에 『할아버지가 사랑한 무지개』을 선택한 이유는, 이왕이면 1인 초소형 출판사이기에 할 수 있는 출판을 하는 것이 더 좋지 않을까 하는 마음이었어요. 이미 수많은 책이 있는 세상에 쥬쥬베북스까지 나무에게 미안하며 출판을 해야 한다면, 다른 출판사에선 못 하는 책을 만든다는 당위를 지녀야 한다고 생각 했었거든요. 그 생각을 하고 나니, 쥬쥬베북스의 퀴어 그림책엔 퀴어 당사자가 전면에 등장하면 좋겠다는 기준이 생겼어요. 또 가능하다면, 책을 포함한 많은 매체에서 다루어 지지 않은 시니어 퀴어가 등장하는 책이면 더 좋겠다 싶었고요. 그런 생각 끝에 닿은 책이 이 책, 『할아버지가 사랑한 무지개』였어요.

2 번역가님은 어떻게 이 책의 번역으로 함께하게 되었나요?

김다현(이하 김) 우선 저는 그림책 번역 작업은 처음이었어요. 그림책 번역 경력이 없었는데 제의가 와서

---

* 이 글은 번역가 김다현과 편집자 윤여준이 『할아버지가 사랑한 무지개』를 한국에 가져오고, 번역한 과정을 나누었던 북토크 "『할아버지가 사랑한 무지개』 역자 후기- [Pride : 자랑스러움, 자랑거리, 긍지 그리고 …] 퀴어 그림책 번역하기"의 내용을 정리한 것이다. 해당 행사는 비온뒤무지개재단의 제1회 앨라이도서전과 함께 진행되었으며, 2023년 기후정의행진이 있던 9월 23일에 진행되었다.

** 이 글에 등장하는 외국어는 원문 그대로 발음한 그대로의 한국어를 기본으로 쓰였으며 필요시 (원어)와 [읽는 방법] 그리고 뜻을 함께 병기하였다.

신기했고, 또 작품에 대한 소개만 봐도 재밌을 거 같아 바로 하겠다고 해맑게 수락했었어요. 그런데 하겠다고 해놓고는 한편 걱정이 되더라고요. 저는 평소에 한-영 번역을 더 많이 작업하기에, 정말 잘할 수 있을까에 대한 고민이 되었거든요. 하지만 그때 전 영-한에 번역에 대한 필요성을 많이 느끼고 있었어요. 서울에서 살다 보면 영어를 모르고도 살 수 있는 곳인가 싶을 때가 있어요. 간판도 메뉴판도 다 영어로 되어 있어 대체 무얼 의미하는 건지 모르는 때도 많잖아요. 심지어 책 제목이나 영화 제목도 원어를 그대로 읽어서, 어떤 의미를 지니는지 모르는 경우가 많고요. 그게 의아하게 느껴지더라고요. 그게 자연스럽게 외국어를 모르는 사람들을 배제해도 된다는 의미도 지닌 거 같아 불편함을 느끼고 있었죠. 마침 번역 제안이 왔을 때가 그런 문제의식을 지니고 있을 때라 저도 이 기회에 영-한 번역을 해보면 좋겠다고 생각하며 참여하게 되었어요.

3 이 책을 번역할 때 가장 염두에 두었던 부분은 어떤 부분인가요?

김 앞에서 이야기했던 것처럼 영어를 한국어로 옮길 때, 누가 보아도 바로 이해될 수 있게 번역하고자 했어요. 특히 이 책은 어린이가 주된 독자이니 어린이가 읽어도 충분히 이해할 수 있게 하는 게 가장 주된 목표였어요. 모두가 알 수 있는 단어를 사용하고자 했고, 이 책을 통해선 누구도 상처받거나 배제되지 않아야 한다는 기준도 있었어요.

이렇게 기준을 제 마음속에 정하고 번역 작업을 시작했기에 수월하게 진행할 수 있을 줄 알았는데요. 웬걸, 제목부터 난관이었어요. 원서의 제목은 『그랜대드쓰 프라이드』인데, 프라이드는 원서에선 긍지이자, 자부심, 그리고 퀴어문화축제를 복합적으로 의미하고 있는 단어였거든요. 하지만 한국어엔 이 단어의 뜻과 내포하는 의미를 정확하게 보여줄 단어가 없었어요. 그러다 보니 저부터도 제목 후보로 『할아버지의 프라이드』를 적고 있더라고요. 하지만 이건 제가 결심한 번역의 자세가 무색해지는 일이라 정말 그러고 싶지 않았어요.

쉽지 않을 거라는 건 알고 있었지만, 예상보다 더 빠르게 어려움을 맞닥뜨린 거죠. 저는 번역은 혼자 하는 일은 아니라고 생각해서, 제가 만난 어려움들을 바로 편집자인 여준 님께 전했고 그때부터 함께 한 단어 한 단어 고민을 시작한 거 같아요.

4 그럼, 제목은 어떻게 정해졌나요?

김 제목이 정말 가장 어려웠던 번역 중 하나인 거 같아요. '프라이드'를 어떻게 번역할지에 대해 여준 님이랑 여러 번 이야기를 주고받았어요. 제가 제목 후보 4개를 좌르르 적어놓으면, 여준 님이 또 그 옆에 4개 적어 주셔서 그중에 몇 개 뽑아서 그 안에서 고민하고, 그런 식으로 여러 번 주고받으며 제목을 정했어요. 그러다 처음에 결정된 제목은 『할아버지의 무지개』였어요. 그렇게 한동안 이 제목을 가제로 붙이고 작업했었어요. 그러다 아무래도 조금 아쉬워서 한 차례 더 고민할 때 지금의 최종 제목이 나온 거 같아요.

윤 저도 제목이 정말 중요한데, 이 책의 내용과 의미를 정확하게 전달할 제목을 찾는 게 너무 어려워 여러 번 고민했던 거 같아요. 그러다 생각한 후보로는, 과감히 할아버지를 뺀 『무지개빛 여름방학』도 있었고, 장소성을 담은 『할아버지의 무지개 마을』도 있었고, 본문에서 퀴어문화축제를 번역한 '무지개 축제'를 활용해 『할아버지의 무지개 축제』도 있었어요. 다 나름의 의미가 있던 제목이었는데, 어떤 건 입에 잘 안 붙고, 또 어떤 건 부연 설명이 필수라는 아쉬움이 있었죠. 그러다 어느 날 밤, 뜬 눈으로 누워서 고민하다 지금의 제목 『할아버지가 사랑한 무지개』가 나오게 되었어요. 가장 그 자체로 이 책의 내용을 모두 반영한 제목이라고 생각해 다현 님에게 전했고, 비록 2명이지만 만장일치로 최종 제목으로 결정되었어요.

5 본문 번역에는 어떤 재미와 어려움이 있었을지도 궁금해요.

🔵 제목은 시작하자마자 가장 많이 공들여 고민했어서 비교적 초반에 결정되었어요. 그러다 보니 가장 어려운 거 끝났다고 생각했는데 본문에도 고민되는 부분이 많았어요. 예를 들어 반말로 할지, 존댓말로 할지, 현재형으로 할지, 과거형으로 할지도 어렵더라고요. 책을 읽으신 분들은 아시겠지만, 이 책이 마치 밀리의 입장에서 서술하는 것처럼 쓰여졌다 보니 반말이 더 친근한 것도 같았어요. 하지만 책의 내용을 봤을 땐 밀리가 친구가 아닌 대중을 향해 이야기하고 있는 거라는 생각이 들어 결과적으로는 존댓말로 번역했고요.

시제의 경우, 원서에선 현재 진행형처럼 이야기가 펼쳐지는데요. 제가 주로 번역하는 웹툰의 경우에도 장면 장면이 빠르게 진행되고 대화형이 많다 보니 대부분 현재 진행형이고요. 하지만 쭉 한 이야기가 이어지고, 며칠 동안의 여정을 담은 이야기를 모두 현재 진행형으로 하려니 어색한 부분이 있더라고요. 그래서 축제의 시점을 기준으로 밀리가 이야기한다고 생각하고, 축제를 준비하는 과정은 과거형으로, 축제가 펼쳐지는 장면부터는 현재형으로 서술했어요.

🟡 그리고 제가 생각한 이 책의 가장 어려운 번역은 무지개축제의 구호들이에요. 퀴어문화축제를 뜻하는 무지개축제가 이 책의 주된 이야기인 만큼, 정말 수많은 구호가 등장하거든요. 그게 단순히 동시대의 구호가 아니라 할아버지가 젊은 시절 즐겼던 무지개축제의 구호도 등장해요. 그러다 보니 어렵기도 어렵고, 또 그 수도 상당해서 저는 사실 번역가님께 제안드릴 때부터 가장 우려되었었어요. 하지만 그 어려운 것을 해내는 번역가, 다현 님. 구호 번역 작업은 어렵지 않으셨나요?

🔵 디자인 일정상 구호들을 가장 먼저 번역했는데요. 영어로는 자연스러운 구호 문구를 어떻게 한국어로 찰떡같이 전달할지 어렵더라고요. 번역의 영감을 받고자, 한국과 일본 등 아시아 국가의 퀴어문화축제도 찾아봤었는데요. 아시아 국가에서도 외국어로 이루어진 구호가 대다수를 이루고 있더라고요. 하지만 이번 책엔 최대한 한국어로 써보자는 마음을 먹었으니, 할 수 있는 한 한국어로 번역하는 게 가장 쟁점이었어요.

또, 이런 구호들은 음률이 있는 경우가 있잖아요. 말장난과 풍자도 있고요. 그런 구호만이 지닌 재미를 번역에서도 적절히 구현하고 싶은데, 구호 팻말의 크기도 한정되어 있다 보니 더 어려운 지점이 있었어요. 그래도 다행히 제가 웹툰 번역을 주로 했던 지라, 한정된 공간 안에 글자를 넣는 것은 어느 정도 연습이 되어 있어서 그보단 말의 느낌을 살리는 데 더 많은 시간과 공을 들일 수 있던 거 같아요.

6 인쇄 직전에 바뀐 번역도 있다고 들었어요. 어떤 부분인가요?

🟡 맞아요. 말 그대로 인쇄 직전에 수정된 번역이 있어요. 이 책은 텀블벅을 통해 처음 공개되었는데요. 저는 번역도 너무 재치 있게 잘 되었고, 디자인도 햇빛스튜디오 박철희 디자이너님이 완벽하게 해주셔서 신이 난 마음에 '이 책의 피켓들이 이렇게 멋지게 번역/디자인되었어요!' 하며 자랑삼아 본문의 일부를 텀블벅 소개에 올렸었어요. 그렇게 홍보하고 있을 때, 피드백을 받은 번역이 있었어요.

🔵 그때 이제 인쇄 직전이라, 저는 번역 작업은 다 끝났다고 생각하며 마음 놓고 있었는데 여준 님의 연락을 받고 화들짝 놀랐던 기억이 있어요. 그 문구는 원서엔 '브레익 더 씨스템(Break the Cistem); 시스-템을 뿌셔라'이라고 적혀있던 피켓이었어요. 여기서 '씨스-템(Cistem)'은 '시스젠더(Cisgender); 생물학적 성과 성 정체성이 일치하는 사람'의 '시스(Cis)'에 제도, 체계를 의미하는 '씨스템(system)'의 '템(tem)'을 더한 합성어로, 일종의 말장난이었는데요. 처음엔 한국어로 이 문구의 느낌을 살리며, 내용을 전하는 게 어렵다고도 판단했었고, 또 번역 기획 당시, 번역이 어려운 문구 중 하나쯤은 한국 사회에 더 걸맞게 바꾸어 번역도 해보자고 했었어서 이 구호는 브레익(Break);부수다 를 살려 '가부장제

뿌셔뿌셔'로 작업했었어요. 실제로 한국 사회의 맥락이 적용되어 바뀐 번역은 이 문구 하나여서, 바뀐 번역의 내용과 이유를 설명해 저자와 원작 출판사의 허가도 받았고요. 그렇게 번역 검수까지 모두 완료된 그때, 해당 부분에 대한 피드백을 받은 거죠. 그런데 피드백을 받고 나니, 조금 더 세심할 필요가 있었겠구나 싶더라고요. 그래서 바로 어떻게 바꾸는 게 좋을지 여준 님과 긴급회의를 했었죠.

윤 맞아요. 그때 저도 그림 속 피켓이 '뿌셔뿌셔'와 느낌이 잘 맞고, 또 한국 사회의 가부장제도 빨리 부숴야 한다고 생각해 좋다고 했었어요. 하지만 정확한 전달이 이미지적 어울림, 말의 재미 이상으로 중요하다는 것을 한 번 더 인지하게 된 거죠. 그래서 비상대책위원회처럼 그날 밤 바로 다현 님과 번역 고치기 회의를 했어요.

김 하지만 딱 답이 떠오르진 않았던 거 같아요. '시스템 뿌셔뿌셔', '시스젠더 뿌셔뿌셔' 이런 식으로 생각했는데, 우선 영어이고, 또 그 의미와 맥락이 단번에 이해가 되지 않아 안 될 거 같았어요. 또 '성별 이분법 뿌셔뿌셔', '시스젠더 시스템 뿌셔뿌셔'로도 하려고 했는데 자리가 부족했고요. 그렇게 인쇄 전에 이틀 정도 시간이 나서 고민했던 거 같아요.

윤 저는 이때도 밤에 뜬 눈으로 누워서 고민을 이어갔는데요. 제가 거의 앵무새처럼 계속 같은 말만 반복하는 걸 본 같이 사는 사람이 의견을 내주었는데, 그게 바로 '내 성은 내가 정해'였어요. 여기서 '성'은 성별을 뜻하기도 하지만, 성씨를 뜻하기도 해서 저희가 처음에 한국화시켜 보여주고자 했던 의미와도 연결된 거 같아 다현 님에게 바로 전했고, 이 문구로 최종 수정을 진행했어요. 그때 사실 발등에 불이 떨어진 상황이니 그냥 넘어가야 하나 생각도 했었지만, 다현 님과 함께 짧고 굵게 잘 고민해 더 좋은 번역을 만들어낸 거 같아 잘했다 싶어요.

사실 전 앨라이로서, 제가 혹시 모를 말실수를 하거나 무지로 인한 상처를 주게 될까 봐 조마조마할 때가 많은 거 같아요. 그 마음이 커서 이번 책을 만들면서도 걱정이 많았거든요. 그런데 책이 나오기 전에 이런 피드백을 받고, 고칠 수 있어서 너무 다행이었다고 생각해요

그 외에는 번역에 어려웠던 부분은 없었나요?

김 대명사 이야기도 안 할 수가 없죠. 이번 책을 만들면서 책에서 밝히지 않은 성별을 번역가가 마음대로 지정하지 않고자 했어요. 하지만 한국어 특성 중 남성과 여성이 구별된 경우가 있어 그 부분이 어려웠어요. 얼마 전에 한국어가 성 중립적인 언어에 속한다는 글을 보기도 했었는데요. 동사에 여성형/남성형 구분이 없어 성중립적인 편이라는 말이었어요. 반은 동의하고 반은 동의하지 않는 거 같아요. 사람과 사람의 관계에 대해 이야기할 땐 꼭 성별이 지칭되거든요. 예를 들면, 나보다 나이가 많은 사람을 부를 때 나와 상대의 성별에 따라 다르게 부르잖아요.

그런데 이 책에 테미라는 인물이 등장하는데, 테미는 성별을 드러낸 적이 없는 인물이에요. 그런 테미의 시블링(sibling); 형제나 자매 을 어떻게 번역할지가 어려웠어요. 우린 형제 혹은 자매로 성별에 따라 가족 간의 관계를 지칭하는데, 테미를 제가 알아서 해석하고 그에 맞게 형제 혹은 자매라고 번역하는 건 아니라고 느껴졌어요. 그래서 무리수를 둔다고 생각하고 '형제자매'라고 번역을 해놓고, 여준 님의 피드백을 기다렸는데요. 여준 님이 그냥 넘어가시더라고요.

윤 저는 딱 좋다고 생각했습니다. 하하. 사실 저는 여전히 대명사에서 어려움을 느껴요. 이 책의 저자 해리 우드게이트(Harry Woodgate)는 자신의 대명사를 데이/뎀(They/them)으로 소개하거든요. 영어로 소개할 때는 저도 편하게 데이와 뎀을 사용하는데, 한국에서 한국말로 소개할 땐 여전히 어려울 때가 있는 거 같아요. 특히 문서로 설명할 때 더 어려움을 느끼고요.

전 그 외에도 '안경 할아버지', '수염 할아버지'의 부분이 문화적 차이가 느껴진 단어이자 번역이었던 거 같아요. 어떠신가요?

김 맞아요. 할아버지가 두 명이 나오는데요. 원서에서는 "그랜대드(Grandad);할아버지"와 "그램프스(Gramps);할아버지를 부르는 구어"라고 되어 있는데, 한국어로 번역하면 둘 다 할아버지예요. 굳이 구별을 하자면, '할아버지'와 '할배' 정도 될 거 같은데 사실 '할배'가 정확하다고 할 수도 없고요.

윤 사실 전 번역을 받아보기 전까지…그램프스가 이름인 줄 알았어요. 하하.

김 그러니까요. 영어로는 그 발음까지 달라서 두 할아버지 호칭이 구별되는데, 한국어에선 실제로 이런 말이 없다 보니 어떻게 두 할아버지를 다르게 번역해야 할까 어렵더라고요. 그러다 생각한 게 특징을 이용해 호칭을 만드는 거였어요. 한 할아버지는 젊은 시절부터 지금까지 안경을 쓰고 있고, 또 다른 할아버지는 수염을 꾸준히 기르셨더라고요. 그래서 '수염할아버지'와 '안경할아버지'가 되었죠.

 이런 고민들이 있으셨기에 부록으로 '번역에 대하여'가 추가된 거군요.

윤 맞아요, 특히 어린이들이 주 독자층인 책인데, 어린이가 모르는 단어가 나올 수도 있고 이 책을 함께 읽는 양육자나 교육자 역시 모르는 단어를 만나게 될 수 있을 거라 생각했어요. 아무리 번역을 해 우리말로 바꿔도 누군가는 외국어를 그대로 쓴 것과 다를 바 없이 낯설어할 수 있을 거라 생각했거든요.

퀴어 문화와 용어에 익숙한 사람이 아마 주된 독자일 테지만, 사실 전 다양성과 멀리에 있는 사람들에게도 이 책이 가닿길 바라기 때문에 더욱더 친절할 필요가 있다고 생각했어요. 그래서 어린이, 혹은 이 책을 함께 읽을 어른도 참고해 지도할 수 있는 부록을 만들고 싶었어요.

김 저도 너무 좋은 생각인 거 같아 기쁘게 부록을 함께 만들었는데요. 지금 생각해 보니 번역만큼 어려웠던 게 부록 쓰는 작업이었던 거 같아요.

윤 어이쿠, 죄송합니다.

김 하하 아닙니다. 꼭 필요하다고 생각했어요. 아직 퀴어 문화가 완전한 보편이 되진 않았기 때문에 번역에 한계가 있었거든요. 하지만 어린이 그림책이니 주석을 달 수도 없는 노릇이고. 그래서 저도 마음이 쓰이던 중이었어요. 그러다 부록 이야기가 나왔고, 너무나 흔쾌한 마음으로 작업했어요.

꼭 필요했던 지점 중엔, 위에서 말했던 프라이드나 그램프스도 있고 드래그 쇼(Drag Show);자신의 성별이나 성정체성과 상관없이, 스스로 표현하고 싶은 모습을 자유롭게 드러내는 행위 예술 처럼 아직 한국말이 없는 단어나, '벽장에서 거리로!(Closets are for clothes[클로젯스 얼 포 클로쓰])'처럼 추가적인 설명이 필요한 경우 등이 있었어요. 부록에는 왜 이렇게 번역을 했는지, 정확한 뜻은 무얼 의미하는지, 역사적으로 어떤 의의를 지녔는지 등을 설명했고, 그와 함께 생각해 볼만한 이야기를 더했어요. 드래그 쇼를 말하면서 '내가 입고 싶은 옷을 입고 내가 원하는 대로 꾸미면서 "너는 남자니까/여자니까 이렇게 하고 다니면 안 돼"라는 편견에 저항'해도 된다는 이야기를 넌지시 전하기도 하고요.

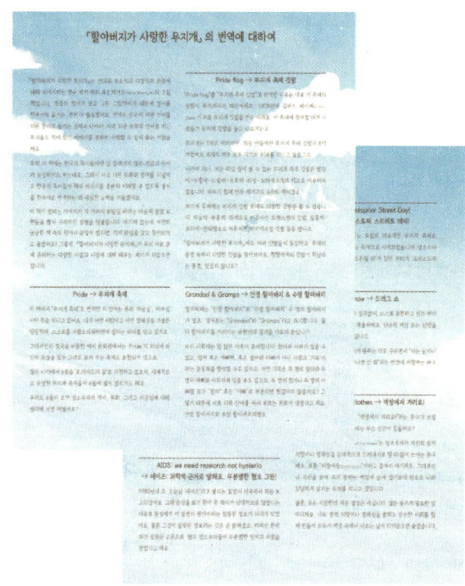

윤 저는 부록에서 다현 님이 비백인이라는 단어를 쓴 의도도 궁금했어요. 비백인이라는 단어를 딱 보는데, 다현 님의 의도가 느껴지면서도 이게 가장 적확할까 싶어 고민이 되더라고요. 그래서 어떤 단어가 가장 적합한지, 또 다른 맥락을 지닌 차별의 단어가 아닌지 제가 납득이 되어야 이 단어를 쓸 수 있겠다 싶어 한참을 찾아봤어요. 저도 유색인종이라고 쓰고 싶지 않은데, 비백인도 백인이 기준이 된 거 같아 내키지 않았거든요.

김 맞아요. 제가 흑인 레즈비언 연대(Black lesbians[블랙 레즈비언스])를 설명할 때 비백인이라는 단어를 썼어요. 저는 비백인이라는 단어를 쓴 이유가 명확했어요. 어떠한 집단의 소수자성을 부각하기보다는, 다수자의 '이상함'을 부각하고 싶었어요. 유색인종이라고 하는 것과 비백인이라고 하는 것의 차이는, '백인'이 기준임을 얼마나 이상한지 강조하는 것에 있다고 생각했거든요. 그래서 이 단어가 더 알맞다는 생각을 지니고 있었어요. 하지만 나중에 들어보니, 여준 님은 이 단어를 보시고 고민과 검색이 시작되셨다고 하더라고요.

윤 그래도 그 기회로 이 말이 어떻게 시작되었는지 등을 살펴보며 저도 납득이 되어 그대로 갈 수 있었어요. 그리고 '비백인'이 독자를 한 번 더 덜컹거리게 하는 게 좋았어요. 술술 읽히는 게 아니라 잠깐 멈칫해 저처럼 생각하게 하니까요.

독자질문 1 번역 작업을 부모님이나 주변에 알릴 때 어려운 점은 없으셨나요?

김 처음 이 책 번역을 계약하고, 작업을 할 땐 부모님에게 이야기 안 했었어요. 제 기준에서 부모님은 꽤 보수적이라 안 좋아할 거 같았거든요. "그냥 그림책 작업한다, 어린이 동화다" 이런 식으로 얼버무렸어요. 그런데 책을 처음 받아서 집에 가는데 이젠 말해도 될 거 같더라고요. 책 형태로 나왔고, 표지에 제 이름도 쓰여 있으니까 다른 건 몰라도 부모님이, 책에 이름 쓰여 있는 건 좋아할 거 같았거든요. 그래서 책 보여주면서, 내용에 대해선 아무 말도 하지 말라고 이야기하며 줬었어요.

그런데 책을 내밀고 보니 책이 온통 무지개더라고요. 그래서 순간 '아, 괜히 보여줬나, 뭐라고 하면 어쩌지' 하는 걱정이 있던 거 같아요. 그러고 나서 엄마가 왜 이런 책을 번역하게 되었냐고 물었는데, 저는 그땐 더 설명하기도 싫고, 괜한 노파심에 그냥 일이니까 하는 거라고 넘어가 버렸었거든요. 그런데 지금 생각해 보면 일이니까 한 것도 맞지만, 이 책을 한국에 소개해 더 많은 사람들이 읽었으면 좋겠다는 마음이 더 컸고, 그 사람 중엔 우리 부모님도 있겠다는 생각이 들더라고요. 내용이 당장 이해되지 않고, 어렵게 느껴지더라도, 저희 부모님은 딸이 번역했다니까 어쩔 수 없이 읽게 될 거잖아요? 그렇게 우연이든, 강제든 읽게 된다면 그것도 나쁘지 않다고 생각했어요.

독자질문 2 이 책을 한국에 가져오실 때 어려움은 없으셨나요?

윤 놀랍게도 어려움은 전혀 없었어요. 이 책의 작가는 해리 우드게이트라는 영국 작가인데요. 이 직전에 나온 『그랜대드스 캠퍼(Grandad's Camper); 할아버지의 캠핑카』라는 할아버지가 자신의 애인과 함께 캠핑카 타고 여행 다니는 내용의 책이 크게 성공했어요. 이 책의 전작 같은 책이거든요. 저는 그 책을 먼저 알았고, 출판사를 뒤져보니 같은 작가의 새로운 책이 6월에 나온다고 하더라고요. 문의해 보니 대략 내용을 검토할 수 있었는데, 이 책의 내용이 무척 마음에 들었어요. 그런데 이미 전작이 크게 성공했었고, 출판사도 영국에서 굉장히 큰 출판사였기에 전 '완전 큰일 났다. 대형 출판사와 경합 붙어서 판권 따오겠구나'하고 있었어요.

그렇게 걱정하면서 판권이 열리길 기다려 판권 사고 싶다는 의사를 밝혔는데, 저 말고는 아무도 문의를 안 했다는 거예요. 우려했던 게 무심하게, 저 혼자 유유히 판권을 살 수 있었어요. 그런데 이전에 비온뒤무지개재단에서 주최한 편집자 북토크를 가보니, 다른 편집자님들도 좋은 퀴어 책을 발견하곤 본인의 생각엔 너무 좋은 책이라 '큰일 났다!' 하면서 문의하는데, 대부분 경쟁사 없이 홀로 판권 구매할 수 있었다고 하더라고요. 저 역시 그랬어요. 그래서 큰 어려움은 없던 거 같아요.

그리고 제 생각엔 어린이 책의 경우, 유일하게 독자와 구매자가 다른 분야라 더욱더 문의가 적었을 거 같아요. 팔릴 책을 만들어야 한다는 생각이 출판사를 하면 할수록 강해지거든요. 그런 생각 속에서 고민을 한다면 퀴어 어린이 그림책에 쉽게 손을 뻗지 못하기에 경쟁자가 없던 거 같아요. 그 덕에 저는 수월하게 번역 판권을 가질 수 있었습니다.

독자질문 3 번역하는데 시간은 어느 정도 걸리셨나요?

김 저는 주로 번역일을 웹툰 번역으로 했는데요, 그 일의 특성상 빨리빨리 해야 하다 보니 조금 빠르게 작업하는 편이에요. 그래서 직관적으로 먼저 쭉 번역해 놓고, 그 이후에 다시 보며 조금씩 수정하곤 하죠. 본문은 정말 오래 안 걸렸고요. 오히려 피켓들이 시간이 훨씬 더 오래 걸렸어요. 사실 처음 번역 초안은 금세 보내드렸고, 그 초안을 기준으로 여준 님과 최소 서너 번은 왔다 갔다 하며 내용을 발전시켰던 거 같아요. 번역 초안은 한 달 내로 끝났고, 서로 의견 주고받으며 내용을 확정한 건 서너 달 정도 걸린 거 같아요.

윤 다른 편집자님과 번역가님도 저희처럼 의견을 주고받으며 하시는지는 잘 모르겠어요. 저와 다현 님은 서로의 주장이 강하기보단 더 좋은 문장과 더 적확한 내용을 만드는 데 집중했던 거 같고, 그러다 보니 여러 번 의견을 주고받으며 서로의 의견을 서로가 이해하는 과정이 길었던 거 같아요. 주변 편집자 중에선 제가 이렇게 작업한다고 하니 놀라시는 분들도 계시더라고요. 그런데 전 꼭 필요한 과정이라 생각해서, 다시 작업해도 그렇게 할 거 같아요.

김 맞아요. 그리고 전 주변의 도움도 많이 받았어요. 제가 일차적으로 쭉 번역한 후엔 주변의 친구들이나 동료들에게도 보여주며 의견을 구했죠. 그래서 전 정말 번역이 혼자 하는 작업이 아니라고 생각해요. 번역이라는 일이 꼭 골방에 앉아서 혼자서 텍스트와 씨름하는 일처럼 느껴질 수도 있는데, 저는 그보단 주변 사람들에게 물어보고, 의견을 나누며 작업하고 있거든요. 저는 이 과정이 재밌고 또 유의미하다고 생각해서 번역은 번역가 혼자서 하는 일은 분명 아니라고 생각하는 거 같아요.

독자질문 4 정세랑, 김규진 작가님의 추천사가 표지에 있는데요, 앞표지에 크게 배치한 이유가 있으신지 궁금해요.

윤 앞에 크게 배치한 건 사실 이 책이 더 많이 읽혔으면 좋겠다는 바람이었어요. 수익적인 걸 떠나서 전 이 책이 초등학교 필독서가 되는 게 목표거든요. 그러려면 더 많은 독자들의 손에 자주 들려야 한다고 생각해요. 그러기 위해선 이름만 보아도 신뢰를 주는 작가님들의 추천사가 필요하고, 그 추천사가 책 앞표지에 크게 실려야 한다고 판단했죠.

그리고 한 분은 퀴어 당사자, 한 분은 앨라이이신 분의 추천사를 받으면 좋겠다고도 생각했어요. 퀴어 당사자에겐 물론이고, 앨라이에게도 이 책이 가닿길 바랐기 때문이에요. 그리고 정세랑 작가님께 제안드린 이유는 제가 이 책을 고민하고 있을 때, 정세랑 작가님의 책 속 문장을 읽고 계약을 결심했기 때문인데요. 작가님은 『지구인인만큼 지구를 사랑할 순 없어』(정세랑, 위즈덤하우스, 2021)에 오래 살아남는 작품을 쓰기 위해선 지금의 인식보다 더 멀리 나아가야 한다고, 당장 이해를 못 받고 비난을 받더라도, 지금 우리가 사랑하는 작품들 중 수 많은 작품들은 그걸 감내한 작품이라는 말을 하셨는데요. 이 책을 한국에 소개할지 고민할 무렵, 이 문장을 읽는데, 갑자기 아무것도 두려울 게 없는 거예요. 그러면서 앞으로 시간이 흐를수록 이 책은 사랑을 더 받겠구나, 적어도 비난이나 더 무관심을 받는 책은 아니겠다 싶었어요. 그렇게 이 책을 한국에 소개하고자 결심하게 되었죠.

김규진 작가님도 제가 추천사를 요청드렸을 땐, 아직 공개적으로 알려진 않으셨지만, 임신 중이셨어요. 하여 제가 추천사를 제안드렸을 때 더욱더 흔쾌히 응해주셨죠. 저 역시도 이 책을 꼭 선물하고 싶은 독자가 한 명 더 세상에 나올 준비를 하고 있다는 점이 굉장히 설레고 뜻깊었어요. 이 책에 멋진 두 분의 추천사가 함께하는 만큼, 이 책이 더 멀리 나아갔으면 좋겠네요.

그냥 아는 사람은 아니라서요

글 강윤지 그림 윤여준

뿡
빠앙
뽀오옹
너의 가장 지독한 냄새를 알아

떡진 머리
기름 낀 얼굴
떨어진 눈꼽
너의 가장 지저분한 속눈썹을 알아

너는 배시시 웃고
나는 또 배시시 웃어

올라간 눈썹
좁혀진 미간
주름진 이마
아파서 잠든 입꼬리를 알아

참혹해진 눈빛
내려갈 시선
곧 보일 등
화가 났을 때 다음 선택을 알아

너는 배시시 웃고
나는 또 배시시 웃어

무엇을 원할 때의
눈빛
숨결
체온

너와 나가
우리가 될 수 있을까
우리는 너를 갈망해

언니들에게

김진아

❖

2022년 겨울의 연극 《조금 쓸쓸한 독백과 언제나 다정한 노래들》의 끝에 관객 분들에게 쥐어드린 편지 일부를 다듬어 싣습니다. 극중 '하나'의 입장에서, 고립과 소진, 단절 이후를 사는 언니들을 향해 쓴 편지입니다.

《조금 쓸쓸한 독백과 언제나 다정한 노래들》은 친구이자 동생인 '하나'의 방에서 깨어난 '언니'가 보내는 시간을 관객이 함께 체험하는 공연이었습니다. 하나와 언니는 우울, 불안, 자살 사고, 식이 장애 등으로 취약한 서로의 곁을 나누는 사이입니다. 언니는 하나를 생각하며 만화책을 보고, 차를 마시고, 장을 보고, 노래를 부르고, 시금치 커리를 끓입니다. 언니의 노래 외에도 '소리사물'의 바스락 짤랑 덜덜덜 소리, '미물'들의 빛과 음악이 시공간을 채우고 열었습니다.

공연이 더 궁금하신 분들을 위해 평론가 진송 님의 리뷰 <너를 살려도 될까?> 링크 QR을 붙입니다.

그 외 상세정보를 nowarchive.kr/forhana 에서 살펴보실 수 있습니다.

긴 파마머리가 예뻤던 아가씨였던, 언니 같았던 고모에게

우리 둘이서만 있었던 적이 두 번 밖에 없나 봐. 두 날의 기억이 생생해.

한 번은, 내 키가 꽤 작을 때였는데, 언니가 나를 동네 백화점에 데려갔어. 3층이나 4층의 언니들 옷 가게를 같이 구경하고 가방을 하나 사줬어. 그 가방, 지금 매도 예쁠 거야. 그 땐 나일론이라고 했는데 왜 그 반질반질한 PVC 재질에 사각이 잡힌 아랫부분은 은색이고, 우유갑처럼 세로로 접히는 윗부분은 투명해서 내용물이 보이는 가방이었어. 예쁜 언니와 예쁜 것들을 구경하고 특별한 가방이 생겨서 기분이 너무 좋았어.

언니 목소리와 말투는 나랑 닮았는데, 언젠가 그걸 발견하고 조금 싫었어. 좀 뚜렷하게 말하는 게 좋잖아. 근데 자꾸 웃음으로 흐려 버리고.

우리 안 본 지 몇 년 되었을까? 언니는 어떻게 지낼까? 왜 명절 때 안 오기 시작했을까? 이 집 제사는 여전해. 대본대로만 가는 연극 같아. 그래도 조금씩은 변수가 생기고 있어. 할아버지가 조금씩 새로운 얘기를 하고, 최근엔 나 빼고 애들이 제사 식순을 정확히 이해하고 움직이기 시작했어. 나는 네 살 때랑 똑같아. 대충 남들 따라 절하고 인사하다가 나한테 앞에 나와서 뭐 하라고 하면 술 따르고 세 번 향 위로 돌리고 수저 놓고 들어와.

우리가 또 둘이서만 시간을 보낸 건 내가 스물다섯 살 즈음이었을 땐데. 내가 학교에서 하는 연극을 보러 와준 적 있거든? 끝나고 같이 차를 마셨나? 그냥 공연장 로비나 버스 안에서였나? 언니는 어릴 때 음악을 하고 싶었다는 얘기를 했어. 예고를 준비했는데 못 갔다고. 아빠한테 그 얘길 했더니 "걔가 무슨 예고를 준비해."라고 하더라. 불통한 말투였는데, 언니가 거짓말을 했다는 건지, 아님 부정하고 싶은 사실을 나에게 알려서 싫은 건지 알 수 없었어. 만약 그게 거짓말이었다면... 나는 그렇게 공들인 거짓말은 언니의 진실일 거라 생각해.

언니에 대해서는 너무 몰라. 다들 말을 끊으니까. 하여간 가족들 마음에 들지 않았다는 건 알겠어. 내가 주워들은 말은, 언니가 무슨 일을 해도 계속하질 못한다는 것, 무슨 차를 타고 왔던데 어디서 그런 돈이 났는지 모르겠다는 것.

학교 공연을 보러 오고 며칠 뒤 언니한테 연락이 왔어. '너 이거 영어로 번역 해줄 수 있어?' 어떤 가수한테 보내는 팬레터였는데. 해외 팬카페에 올리려고 하는 것 같았어. 철이 없긴 없구나 했네.

카톡 프로필을 보니 초록 눈 고양이가 왕관을 쓰고 있네. 그리고 언니는 이런 상태 메시지를 쓰는 사람이 되었구나. '좋은 일은 햇살처럼 스미고 나쁜 일은 바람처럼 날아가기를~~' 잘 지내고 있지?

내가 멀리하며 자주 생각했던 언니에게

언젠가부터 나는 언니 생각을 자주 했어. 그럴 만한 사이가 아닌데.

시작은 3년 전일 거야. 누군가 언니에 대해 이렇게 말하고 있었어. "저 사람 왜 저렇게 됐는지 모르겠다. 멀쩡했는데." 동조의 말을 더하는 사람들도 있었어. 화가 났어. 자기들이 뭔데?

그런데 얼마 뒤 언니가 트위터에 내 실명을 거론했어. 언니의 예전 활동이 얼마나 고유하고 가치 있는 작업이었는지, 그런데 사람들이 어떻게 폄하했는지 말하던 중이었고, 나는 그러지 않고 자기를 존중했다며 감사를 표했어. 당황스러웠어. 어디에도 동의할 수 없었거든.

그보다 몇 년 전에 한 번, 언니를 오프라인 모임에서 만난 적 있어. SNS로 먼저 알게 된 언니는 명철하고 수완 좋은 사람 같았는데, 실제로 만난 언니는 생각보다... 순해 보였어. '순하다'는 말은 좀 실례라는 생각이 드는데, 나한텐 그게 호감이었어. 언니는 듣고, 지켜보는 사람에 가까웠어... 밤에 잠들기 전에 그날 못 꺼낸 말들을 아쉬워하는 사람일 것 같다는 상상도 했어.

오랜만에 온라인에서 다시 본 언니는 줄곧 날을 세우고 싸우고 있었어. 왜 그렇게 변했을까 자꾸만 생각하게 됐어. 이해하고 싶고, 변호하고 싶은 마음도 들었고, 어떤 이유든 찾아서 정리하고 싶었어. 대부분의 사람들은 내가 왜 그렇게까지 신경을 썼는지 이해하지 못할 거야. 온라인에서 조금 오래 본 사람이고, 실제로는 한 번 만났을 뿐인데. 그런데... 내 안에 그런 마음이 있었기 때문인 것 같아. '저렇게 되고 싶지 않다.' 미안해.

언니의 주장에는 동의 못 했는데, 그 뒤의 억울함과 서러움 외로움 원망 분개하는 마음에는 점점 접속이 되었어. 작업의 가치가 읽히지 않을 때, 그저 인정받지 못했다는 화와 무력감만 드는 게 아니야. 내가 뭘 해도 이해 받지 못하고, 누구와도 연결되지 않는다는 좌절감, 외로움이 컸던 것 같아. 내 안에도 미움이 자라난 진창이 있어. 언니는 그걸 숨기지 못하는 사람이었지.

이 말을 일찍 전해줄 수 있었다면 좋을텐 데. 언니의 작업은 정말 특별했다고. 그리고, 충분히 외로울 만큼 새로웠다고. 그리고 외롭게 싸우는 중에 진심으로 애정을 기울였다는 점이 멋있다고. 자부심을 가지라고.

최근의 언니는 새로운 업을 찾았고, 꾸준하고 활발해 보여. 편안해 보이면서 싸움꾼 기질도 잘 쓰고 있는 것 같아. 그렇게 되기까지 거리를 둬서 미안해. 내가 오래도록 미안해하고 있다는 걸 모르겠지. 혼자 무례를 저지르고 혼자 사과하고 있었다는 것을. 이번 크리스마스에는 안부 인사를 보낼게.

친구들 중 가장 빨리 엄마가 된, 내가 이해할 수 없었던 언니에게

언니. 너를 언니라고 부르기는 어색하지만, 내가 따라잡지 못할 경험을 했으니 언니라고 해 볼게.

나는 언니가 인스타그램에 아기 사진을 올리는 게 그렇게 불편했어. 별일이지.

난 '니 애기 너나 예쁘지.'라는 말에 공감하는 사람이었거든. 언니 아기 사진만 싫어한 건 아니야.
아기 사진 올리는 사람들은 다 싫어했고, 언니가 거기 포함된 게 싫었어.

왜 그렇게 싫었을까. 일단 그 사진들이 전형적이어서 싫었어. 나한테 언니는 그런 사람이 아니었거든.
언니가 작가로 계속 활동하진 않아도, 나한텐 어릴 때부터 쭉, 그림을 너무 잘 그리는 사람, 부러운 사람,
자꾸 멋진 걸 만들고 그걸 인스타에 대충 찍어서 올리는 사람... 그러니까, 멋진데 힘 하나도 안 주고 사는 사람이었거든.

지금은 그 사진들이 잘 기억나지 않지만, 남아있는 인상은... 뽀샤시했던 것 같아. 사진관에서 찍은 가족사진이나
웨딩사진처럼. 나는 그렇게 힘줬는데 평범한 이미지를 언니가 올리는 걸 받아들이고 싶지 않았나 봐.
그리고 내가 가족 관련한 트리거가 많아. 그래서 언니가 '가족적인' 이미지에 가까워지는 것도 싫었나 봐.

굉장히 나중에야, 아기 사진 올리는 마음을 이해했어. 계기를 말하면 불편해할지도 몰라. 좀 웃기기도 한데,
난 고양이를 키우면서부터 사람 아기도 귀여워지고 아기 사진도 다 좋아졌다? 고양이와 사람 아기 육아를
동일선상에 놓는 게 불편할 수도 있겠지만, 그래도, 언니야, 고양이 아기 키우는 것도 생각보다 꽤 손이 많이
가거든. 그리고 고양이도, 생각보다 성격이 하나하나 다르게 태어나서 다르게 형성되어 가거든. 한 존재의
성장에 내가 너무 큰 영향을 미친다는 사실이 때로는 얼마나 부담스럽고, 때로는 얼마나 애틋한지
난 아주 늦게 알았어. 그리고 사실 애틋함에 빠지는 순간은, 애들이 사고 치지 않고 당장 나를 필요로 하지도
않아서 사진을 찍을 만한 잠시의 평화가 주어진 때뿐이라는 걸, 두 마리의 고양이를 키우면서 점점 알았어.

미안하다 언니야. 나의 깨달음과 축복을 이제는 전할 길이 없네.

이젠 티비에 나오고 평창동으로 이사한 언니에게

언니. 저는 언니를 생각하면 웃음이 나요.

전 언니와 그리 친하지 못했는데, 그래도 두 번이나 둘이서 본 적 있어요? 근데 두 번 다 언니가

'어어, 나는 쫌 전까지 누워 있었어.' '나는 안 씻었어 오늘.' 이랬던 게 너무 좋아요.

언니 말투에는 우아함과 억셈이 같이 있어서 엄청 언니 같거든요. 근데 만날 때마다

꽤 늦은 시간에 보면서 안 씻었다 하고, 누워있었다 하고.

언니 집에 갔을 때 데워 준 두부조림도 저는 웃겨요. 그땐 전혀 웃기지 않았어요. 감사히 먹었죠.

그런데 몇 년 지나며 다른 기억들과 함께 웃겨졌어요. 그 두부조림... 깍듯한 후배한테 밥해 준다고

부른 것치고는 많이 간소했던 거 같아요. 그런데, 돌이켜 보면, 그 시기의 저한테는 그렇게 준비 없이

드나들며 냉장고나 냄비에 있던 음식을 먹을 수 있는 관계가 없었어요. 그래서 갈수록 그 기억이 좋아요.

나에게 작은 습관을 준 언니에게

언니는 그때 던킨 알바를 4년째 하며 4수를 하고 있었어. 손님 한 번 왔다 가면 도넛 정렬 다시 하는 게 귀찮아 죽겠다

고, 자기는 옷 가게 가서도 접힌 옷 거의 펼쳐보지 않는다고 했지. 언니는 짜증이 많은 사람이었는데, 그 짜증은 유독

나에게 오래 남아 있어. 빵집에 가서 집게를 쓸 때마다 언니 생각을 해.

당신의 살아남음이 나에게 중요했던 언니에게

잘 지내시나요? 종종 저한테 먼저 연락을 주시죠.

당신이 자살 시도를 했다는 걸 하루 뒤에 알았는데, 그때 내가 연락하지 않은 건 좀 이상한 일인 것 같아요.

한때 나는 당신 덕분에 살았는데. '지금 하고 있는 일에 집중하라'는 말을 요즘도 자주 되새깁니다.

'매력'이 일인 언니에게

언니. 나는 최근에야 언니를 좋아하게 됐어요.

언니의 '행실'이 '논란'이 되었고, 언니가 거기에 숙이고 들어가지 않고 미친년 널뛰듯이 더 악을 썼다는 걸

알게 되고 나서요. 이건 조금은 나쁜 버릇일 거예요. 언니는 가능한 많은 사람에게 매력적이어야 하고,

호감을 사야 하는 일을 하는데, 그러지 않기로 했을 때 갑자기 좋아하고 응원하다니.

이런 응원에 대해 언니가 어느 정도로 알고 있을까 궁금해요. 얼마 전 한 남자 친구한테 들은 말이 있는데요.

남자들은 어느 선을 넘어서 돌아버리는 순간 영영 간다고, 더 안 좋아지기만 한다고, 그런데 선을 넘어간

여자들은 그 뒤에 만드는 질서가 있다고, 그 미친 여자들이 전에 없던 방식으로 만드는 질서가 놀랍고

대단하다고. 이 말을 널리 여러 사람에게 전하고 싶은데, 그 중 한 명으로 언니가 떠올랐어요.

가장 혼자일 때 찾아와 준 언니에게

언니는 오랫동안 나의 유일한 선배이자 동료이자 친구였지.

무엇보다 술친구였지. 속상한 일 웃기는 일을 번갈아 나누며 술을 마셨어.

둘 다 술이 술을 마시도록 달리고, 먼저 일어나는 법은 몰랐어.

언니는 사람에게 치이고, 상처를 주고, 받고, 회피하기도 하고, 그러는 중에 항상 나보다 많은 사람을 아끼고

예뻐했어. 나 같으면 포기하거나 화를 냈을 관계에서 그러지 않아 답답할 때도 있었어.

언니는 가끔 상대의 장점만을 크게 보더라.

내가 언니를 왜 그렇게 좋아하는지 묻는 사람들이 있었어. 대외적 답변은 이거야. 언니가 믿고 싶어 하는 것

보고 싶어 하는 것을 같이 믿고, 만들어서 보는 게 좋다. 더 중요한 이유는 이거야. 내가 감당 못할 일들로

완전히 혼자일 때 언니가 나한테 와줬잖아. 나의 실수와 잘못에 빠져있을 때.

언니는 그러고 보면 누구를 혼자 두지 못했어. 같이 아는 친구가 혼자 집을 보러 간다고 했을 때,

그런 거 혼자 하면 서럽다며 굳이 시간을 냈어.

언니의 실수에 대해서도 우린 많이 공유했지. 실은 나한테 말해주지 않은 일들도 돌아서 들었어.

특히 같이 일하다가 틀어진 관계들에 대해. 그중 한 번은 함께 겪었지. 그 이후 언니는 가끔

'내가 잘못했으니까.'라고 말하는데, 들을 때마다 멈추고 생각하게 돼. 정말 잘못인가? 큰 실수를 했을 뿐 아닌가?

잘못이라고 할 수도 있지. 내가 모르는 상황에서 더 명백한 잘못을 많이 저질렀을지도 모르지.

하지만 나에게 중요한 건 언니도 많이 힘들어했다는 거야. 그리고 언니가 서럽고 억울한 이유는,

언니가 잘못하거나 잘못하지 않아서가 아니라, 언니는 다른 누구의 잘못이나 실수에 대해서든

항상 관대했기 때문 아닐까. 그걸 사람들이 알았으면 좋겠어.

술 마시자.

사랑으로 사는 언니에게

늘 사랑한다고 말해주는 것 같은 이름을 가진 언니. 사랑하라고, 사랑하자고 요구하는 것 같기도 하고.

언제나 자기가 더 사랑하겠다고 선언하는 것 같기도 한.

하트 이모티콘이 많은 언니는 어떤 대화에서건 마지막 하트를 보내줘.

나에게 있는 하트로 답하면 꼭 하나를 더 보내주고.

계속 사랑하기로 하는 언니 앞에서, 나는 가끔 부끄러워져. 저 사람은 어떻게 저런 사랑을 익혔을까?

가끔은 선택지가 그것밖에 없다고 느낄 때가 있지. 그저 사랑할 수 있는 것을 계속 사랑하기. 언니도 그런 걸까?

나는 가끔 언니 걱정을 해. 몸이 상하는 게, 사랑하느라 그렇다고 느끼지는 않아?

사랑이 동력이 되기도 하지만, 몸과 정신을 소모하기도 하잖아. 언니 자신을 꼭 지켜야 돼.

사실 크게 걱정은 안 해. 언니는 언제까지나 사랑하며 살아갈 수 있을 거야.

그런데 가끔은 몸을 먼저 돌봐주면 좋겠어. 가끔은 굳이 떠올려 줘.

판타 1호

1판 1쇄 찍은 2024년 11월 8일
1판 1쇄 펴낸 2024년 11월 22일

기획 강윤주, 권혜등, 김은실, 김지아, 공이곤, 하타강(하나영)
엮음 강윤주, 권혜등, 김은실, 김지아, 공이곤, 하타강(하나영)
치수 357개의수
통류 북스테이
가격 9,500원
펴낸이 공이곤 펴낸곳 주식회사 등대 2022-000223호(2022년 2월 17일)
주소 서울 마포구 신촌로22길 19 320호
전자우편 studiojujube.seoul@gmail.com

주식회사 스튜디오 유주베의 출판 브랜드입니다.
창의력 있는 대자연, 세상에 꼭 필요한 이야기를 담아 풍성한 책을 만듭니다.

이 책의 저작권에 의해 보호받는 저작물이므로 무단 전재와 복제를 금합니다.
이 책 내용의 전부 또는 일부를 이용하려면 저작권자와 출판사의 동의를 얻어야 합니다.

인쇄, 제지, 유통 과정에서 사용되는 모든 자재에서 가공해드립니다.
이 책은 한국예술인복지재단에서 주최하는 2024년 예술동행사업의 일환으로 지원받았습니다.

ISBN 979-11-93344-10-1(04330)

주최 | 한국예술인복지재단
주관 | 스튜디오 유주베
후원 | 공항세종복지재단

jujube books
Korean Artists Welfare Foundation

독자 편지

<린다>를 읽고 갑자기 생각이나 새롭게 이해된 점 등을 떠올려 보세요.
필자에게 질문하거나 <린다> 다음 호에 읽고 싶은 글을 건의하셔도 좋고 환영합니다.

편지 보낼 곳 | 서울시 마포구 신촌로 2길 19, 마포출판문화진흥센터(Platform P)
320호 춘추비복스 (04051)

앞 페이지의 유료 이미지는 하단에 하나의 작가의 작품 이미지로 사용이 불가합니다.

함께 딮은 사람들

강윤지

극단Y에서 글쓰고 연출하는 연극쟁이.
흠뻑 흔들리는 사람들, 그럼에도 불구하고
다정함과 따뜻함을 내어 주려는 사람들을
사랑한다.

《344명의 쌍년들》,《퍼킹젠더》,
《제1강:거절하는방법》

Instagram & X @theatre_Y_play

김진아

복잡한 세상 편하게 살지 못하는 이들을
사랑한다. 주로 여성이다. 이들의 이야기를
복잡한 채로 전하려 하면서, 눈물과 웃음의
단순함에 의지한다.

《결투》,《티타임/ 밀사의 찻잔》,
《코미디캠프 시리즈》

Instagram @jinah.seasons
지금아카이브 @wenowarchive · nowarchive.kr

곽혜은

통상적이고 고착화된, 다양한
당연한 것에 대하여 질문하는 사람.

작고 드러나 있지 않다고 여겨지는 감각을
사랑한다. 후각 예술 작업을 하지만,
「딮다」에서는 지렁이가 되는 꿈을 꾼 지구 조향사.

《맡나서 반가워요》,《코로 나를 이기는 방법》,
《이 세계에는 두 가지 색과 N가지 향이 있다》,
《냄새파밍:은평》,《맡는 경계》

Instagram @olfactoryartist_hyen

윤여준

어린이에겐 어른이 만든 편견을 전하지
않기 위해, 어른에겐 모두가 안전한 감각을
전하기 위해 고심하여 책을 만든다.

작지만 대담하고 담대한 출판사 쥬쥬베북스를
운영하며, 쥬쥬베휴먼이라고도 불린다.

『그곳은 따뜻한가요』,『작은 빛』

Instagram @yeojoonyoon_
쥬쥬베북스 @studio_jujube_books

김은설

보청기를 사용하고 있지만 듣는다는 것이
무엇인지 질문하면서 작업한다. 눈으로 보는
소리와 만지는 소리를 느끼면서 멍때리기를
좋아한다.

《여기 닿은 노래》,《중간언어》,《듣다보다》

Instagram @eoeoleo

허탐정 (허나영)

잘 보이지 않고 들리지 않지만 세계를
투영하는 것들, 돌보고 기억해야 되는 것들에
대해 자주 떠올린다.

예술로 불리지 않는 것에 관심이 많으며,
최종 목표는 탐정이 되는 것이다.

《멀리까지 여행하는 방》,《표류 백화점》,
《영적인 탐구 여행사》,《텍스트의 기념비》

jujube books

차오 (차오)하타잔(하나영)
에일리와 해파리가-
자정이가 되는 몸을 가졌다
국혜은

소리풍경
민음상

「홀아비가 사랑을 부치게 되었지 후기」
미로의 시작이라는
부지개빛 그림자 만들기
손보미수

고운 아들 사이든
아사라리하
김용진 윤아정

인디동네
김진아

ISBN 979-11-93344-10-1
ISBN 979-11-93344-09-5
9500원 04330